W0045917

ENTDECKE DEINE VERGANGENHEIT NEU

ERSCHAFFE DIR DIE ZUKUNFT DEINER WÜNSCHE

Ausblick

HEY!
WIE SCHÖN,
DASS DU
DA BIST!

Mit diesem Buch gehen wir gemeinsam auf eine intensive, herausfordernde und heilsame Reise. Um dich Schritt für Schritt persönlich zu begleiten, habe ich alle Meditationen (▶ AUDIO), die du in diesem Buch findest, für dich zum Nachhören aufgenommen.

Du kannst sie hier herunterladen:
www.suedwest-verlag.de/sarahdesai

Deine Sarah

DESIRE

Diese Sehnsucht, die du spürst,
gilt niemand anderem als dir selbst.
Sie ist das Flehen, im Einklang mit
deiner Wahrheit zu leben.

Jetzt

Nimm dir jetzt, genau jetzt, einen Moment Zeit.
Für dich.

Atme.

Atme tief ein, atme tief aus.

Spür die Berührung deiner Hände mit dem Buch.
Wie fühlt es sich an?

Kannst du Geräusche und Gerüche wahrnehmen?

Wie geht es dir? Jetzt, in diesem Moment?

Wo befindest du dich gerade in deinem Leben? Heute, jetzt, hier?

Bist du allein?

Oder *fühlst* du dich allein, *obwohl* du umgeben
bist von Freunden und Familie?

Stehst du vor dem Nichts und weißt nicht, wie es weitergehen soll?

Oder hast du eigentlich alles, was du immer wolltest,
und bist dennoch nicht glücklich?

Strömt das Glück gerade durch deine Adern
und du fühlst dich lebendig und frei?

Oder fühlst du dich auch ganz einfach okay? Normal.
Was bedeutet dieses „normal"?

Wie ist *deine* Situation?
Heute, jetzt, hier ...

Atme noch einmal tief ein und aus.

Nimm dir noch einen Moment Zeit für dich und lies weiter,
wenn du so weit bist.

Unsere gemeinsame Reise

Ich freue mich von Herzen, dass du dieses Buch in den Händen hältst. Vielleicht ist es durch Zufall zu dir gelangt oder du hast dich von dem Titel angesprochen gefühlt. Vielleicht kennst du mich bereits aus meinem Podcast *The Mindful Sessions* oder aus anderen Workshops und Begegnungen.

Ganz egal, wer du bist und wie wir uns gefunden haben: Es ist schön, dich hier zu treffen, mich mit dir zu verbinden und gemeinsam mit dir auf eine Reise zu gehen.

Auf deine, meine, unsere Reise.

Eine Reise von zwei Menschen, die sich hier in diesen Zeilen begegnen. Unabhängig von Alter, Beruf, sozialem Status und allen Schubladen, in die wir uns selbst und andere so gerne hineinstecken. Gelöst von Kategorien, die uns trennen, einordnen und beschränken. Eine Reise an vergessene Orte. Eine Reise mitten durch die Angst. Eine Reise, die Licht wirft auf dunkle Plätze. Eine Reise, auf der du Schritt für Schritt all das ablegen und loslassen kannst, was du nicht mehr brauchst. Eine Reise, die Mut und Ehrlichkeit erfordert, die dir wieder Zugang zu deinen eigenen Ressourcen, deinem eigenen, in dir liegenden Wissen und deinen ureigenen Kräften – deiner Soulpower – ermöglicht.

Eine Reise, die dich zu dem Erkennen deiner innersten Wünsche und Bedürfnisse bringt. Eine Reise, die dir hilft, das Leben mit allem Schönen und Schwierigen anzunehmen, *dich* so anzunehmen, wie du bist, mit *allem*, was zu dir gehört. Eine Reise mit dem Ziel, dein Leben frei von Zweifeln und inneren Fesseln selbstbestimmt so zu gestalten, wie *du* es leben willst.

Denn ganz gleich, wie unterschiedlich deine, meine und alle unsere Geschichten auch sein mögen – in dem, was uns im Kern beschäftigt und ausmacht, in unserem Menschsein sind wir uns alle sehr ähnlich. Wir alle teilen die Sehnsucht nach Freiheit. Wir alle streben nach Entfaltung, Liebe und Erfüllung. Doch wir teilen auch unsere Schattenseiten. Wir zweifeln, wir fallen, wir kämpfen mit anderen und vor allem mit uns selbst.

Genau deswegen schreibe ich dieses Buch. Ich schreibe es aus dem gleichen Grund, aus dem ich *The Mindful Sessions* ins Leben gerufen habe: Denn ich habe gesehen, wie sich Frauen und Männer, die alles zu haben scheinen, einsperren in Gefängnisse, die sich messen können mit jedem Hochsicherheitstrakt dieser Welt. Gefängnisse, die aus unseren Gefühlen, Erinnerungen und Ängsten gebaut und deren Mauern so hoch sind, dass wir nicht sehen können, was hinter ihnen liegt. Gefängnisse aus negativen Selbstbildern, die streng bewacht werden von der Mutter aller negativen Glaubenssätze – *Ich genüge nicht* – und ihren zahlreichen Nachkömmlingen wie *Ich kann das nicht, Ich darf das nicht, Ich gehöre nicht dazu, Ich bin nicht schön genug, nicht smart genug, nicht erfahren genug*. Ich habe gesehen, wie auch diejenigen, denen die Welt offenzustehen scheint, unzufrieden, unglücklich, erschöpft, ängstlich und traurig sind, weil sie diese Sätze bewusst oder unbewusst immer wieder rezitieren und ihnen Glauben schenken. Wenn Menschen so mit sich selbst sprechen, sperren sie sich in ein Verlies und verschlucken den Schlüssel. Niemand kann dann die Tür für sie öffnen – außer sie selbst.

Erkennst du dich darin wieder? Ich ja. Ich weiß, wie unerträglich eng dieses Gefängnis ist, denn ich habe lange Zeit in ihm gelebt. So lange, bis ich mich häuslich darin eingerichtet hatte und der Meinung war, es sei mein natürliches Zuhause. Meine inneren vier Wände boten mir zwar keine Aussicht, aber immerhin eine gewisse Sicherheit. Doch meine Sehnsucht wuchs. Mein Wunsch nach Freiheit wurde größer und größer, zu groß für meine Gefängniszelle. Ich musste raus – ich musste mich auf die Suche nach dem Ausgang begeben. Ich bin mir sicher, dass auch du das kennst. Dieses Gefühl, frei atmen zu wollen. Und spätestens in dem Moment, in dem du dich entschlossen hast, dieses Buch zu lesen – vielleicht auch schon viel früher, als du anfingst, dich mit dir selbst auseinanderzusetzen –, hast auch du dich auf diese Suche begeben.

Dabei ist es ganz egal, an welchem Punkt du dich gerade in deinem Leben befindest oder was auch immer deine aktuelle Situation sein mag: Es ist wichtig und richtig, dass du dich auf deine Reise begibst und sie nicht aufschiebst. Sogar oder gerade wenn du dich in einer stressigen oder schwierigen Lage befindest! Vielleicht denkst du, es wäre ein Luxus, dich mit dir selbst beschäftigen zu können, und wartest auf die optimalen Bedingungen, den perfekten Zeitpunkt. Denn zuerst müssen die Kinder versorgt, die Wohnung aufgeräumt, das Projekt auf der Arbeit abgeschlossen und die Miete bezahlt werden. Wer hat denn da noch Zeit, sich selbst zu reflektieren?

Klar, das alles will und muss geregelt werden. Doch seit Anbeginn der Menschheitsgeschichte, seit der Zeit der Jäger und der Sammlerinnen, in der das Leben wahrlich voller harter Herausforderungen war, gibt es Mythen, Sagen und Geschichten von inneren Reisen. Sie sind die Art, auf die das Wissen unserer Ahnen seit Jahrtausenden weitergetragen wird. Schon immer hatten wir Menschen das grundlegende Bedürfnis, uns selbst zu verstehen, zu entwickeln und zu wachsen. Selbstreflexion, Träume und Innenschau sind keine modernen Erscheinungen. Sie sind so alt wie die Menschheit selbst. Das Stillen unserer inneren Bedürfnisse ist genauso wichtig wie das Stillen unserer äußeren Bedürfnisse. Sonst wird unser Leben farblos und trist. Wir funktionieren, wenn es gut läuft, doch wir leben nicht das Leben, das wir uns wünschen und nach dem wir uns sehnen. Verabschiede dich also von dem Vorurteil, innere Einkehr sei ein Luxus oder ein Privileg. Im Gegenteil. Betrachte sie als genauso überlebenswichtig wie dein tägliches Brot, wie die Luft zum Atmen, wie das Wasser zum Trinken und den ruhigen Platz zum Schlafen. Schenke dir daher diese Reise und das Leben, das du leben willst.

Wir beide sind auf dieser Reise nicht allein. Es gibt unzählige weitere Reisende auf diesem Weg. Es gibt auch ganz viele weitere Gefängniszellen neben der deinigen, gefüllt mit deinen Freunden, deiner Familie, deinen Kolleginnen und Lehrern und wahrscheinlich auch mit der distanzierten Dame im grauen Hosenanzug aus dem Sozialamt in Bonn, über die ich später noch berichten werde. Wir alle sind gemeinsam gefangen, wir alle sehnen uns gemeinsam nach Freiheit. Daher müssen wir uns auch nicht schämen, weder für unsere Schattenseiten noch für unsere Sehnsüchte. Es gibt nichts Befreienderes, als die eigenen – vermeintlichen – Schwächen auf den Tisch zu legen. Nichts mehr zurückzuhalten und zu verstecken, sondern uns zu zeigen. Wirklich zu zeigen. Und du wirst sehen, dass du nicht allein bist mit deinen Selbstzweifeln, Sorgen und Ängsten. Wir sitzen alle im selben Boot – oder wie Brené Brown, eine meiner Lieblingsautorinnen, es sagt: „We are all in this together!" Sei dir sicher: Keiner von uns reist allein. Wir alle können uns an die Hand nehmen, voneinander lernen und uns die Reise erleichtern.

Auf meinem ganz persönlichen Weg bis hierhin begegneten mir die unterschiedlichsten Menschen, von denen ich lernen durfte. Menschen, die ich nicht erwartet hatte. Schamanen und Neurowissenschaftlerinnen, Systemische Coaches und Schüler von Osho, Buddha und Mutter Natur. Menschen voller Weisheit und Lebenskraft, Heilerinnen und Gelehrte. Und jetzt du. Deswegen teile ich in diesem Buch nicht nur die Lehren, die mir auf meinem Weg geholfen haben, sondern auch meine persönliche Geschichte mit dir. Manchmal fällt es mir schwer, über sie zu sprechen. Manche Sätze tun mir weh. Manche Erinnerungen hätte ich gerne längst vergessen. Doch da sie Teil meiner Reise sind, gehören sie zu mir und somit auch in dieses Buch. Denn die Reise, auf die wir gehen, zelebriert alle Abschnitte des Weges – positive und negative. Alle Hindernisse werden zu Wegweisern, alle Momente der Freude zu Proviant für die nächste Etappe. Wir lernen, wachsen und reifen – und wir hören nie damit auf. Das Ziel, die Freiheit, ist nicht etwas, das wir am Ende des Weges finden, sondern etwas, das wir jeden Tag aufs Neue entdecken und erleben. Das ist die Magie dieser Reise, die Schönheit unseres Lebens …

Nimm dir an dieser Stelle noch einen kurzen Moment Zeit, bevor du weiterliest.

Atme ein. Ganz langsam. Noch ein wenig langsamer. Spürst du, wie die Luft sich ihren Weg bahnt? Wie sie die Enge deines Brustkorbs füllt, weitet, ausdehnt? Atme so tief ein, wie du kannst – dann halte die Luft an. Zähl langsam bis zehn. Spür, wie dein Herz schlägt, zuerst sanft und dann mit jedem Schlag fester und fester. Fühl, wie die Luft hinausmöchte … dann atme kraftvoll und tief aus! Und genieß diesen Moment der Freiheit.

So wie die Luft, die unsere Lungen nährt und Sauerstoff in unser Blut bringt, müssen auch wir uns ausdehnen, innehalten, Momente des Drucks überstehen und immer wieder loslassen. Je tiefer wir das Leben ein- und ausatmen, desto intensiver wird unsere Erfahrung. Doch allzu oft atmen wir flach. Wir atmen unbewusst, sind angespannt, unsere Gedanken kreisen und unser Herz schlägt nicht fest und stark, sondern gerade genug, um uns am Leben zu halten. In diesen Momenten sind wir uns unseres inneren Gefängnisses nicht bewusst, doch wir spüren, dass etwas fehlt, etwas nicht stimmt, dass da etwas ist, das Platz braucht. Wir spüren tief in uns drin, dass wir loslaufen, ausbrechen wollen. Doch wir wissen nicht, wie. Wir wissen nicht, wohin. Also suchen wir. Nach Luft, nach Freiheit, nach dem Weg ins Glück.

Lass uns aufbrechen!

NOW

Die Zeit läuft.

Was immer du tun willst, warte nicht.

AUFBRUCH

Den Ozean hinter den Mauern nicht sehen

2006. Es ist Februar. Der kälteste Monat des Jahres. Der Himmel ist grau, die Luft kalt und nass. Ich mittendrin, frierend, mit meinem Baby auf dem Arm. Keine Wohnung, kein Job, keine Möbel und vor allem kein Plan. Beim Ausatmen steigen kleine Wolken wie Rauchzeichen in die Luft auf, fast so, als wollte ich Kontakt aufnehmen. Vergeblich. Wir sind allein. Ohne Computer, ohne Smartphone, ohne Partner, ohne Freunde und Familie, ohne Babysitter, ohne Geld und ohne Ortskenntnisse von Bonn, dieser für mich völlig fremden Stadt. Wie man in so eine Situation kommt? Wie ich leider selbst erfahren musste – und ich bitte dich um Verständnis, dass ich aus Rücksicht auf andere hier nicht ins Detail gehe: schneller als gedacht.

Was tun, wenn nichts mehr sicher ist? Was tun, wenn alle Variablen der Verlässlichkeit schlagartig ausradiert scheinen? Wenn jeder Blick auf die Fakten der eigenen Lebensumstände die Zuversicht tiefer sinken lässt, tief hinein in meine ganz persönliche Schublade der Selbstzensur? Die Antwort war zunächst: Erst mal wieder sicheren Boden unter den Füßen bekommen. Irgendwie einen Punkt erreichen, von dem aus ich weitergehen konnte. In meiner Situation musste dieser Punkt vier Wände und ein Dach haben. Eine Wohnung. Was sonst so selbstverständlich war, schien mir auf einmal schier unerreichbar. Dabei war die größte Herausforderung für mich damals aber noch nicht einmal materieller Art. Sie bestand darin, die eigene Scham und den eigenen Stolz zu überwinden und nach Hilfe zu fragen. Doch wie macht man so was? Ich hatte in meiner Lage nicht den Luxus, auf eine Eingebung zu warten. Mein Sohn und ich brauchten dringend ein Dach über dem Kopf. Ich *musste* nach Hilfe fragen. Sofort. Einen Fremden. Den Staat.

In meinem Fall wurde der Staat durch eine Sachbearbeiterin des Bonner Sozialamtes personifiziert. Sie, Mitte 40, trug einen grauen Hosenanzug. Ihre Blicke sollten wohl seriös und wachsam wirken, doch ich empfand sie als kalt und distanziert. Zuerst sprach die Dame nur in kurzen, ganz einfach strukturierten Sätzen mit mir – mein Nachname sorgte anscheinend für Vorbehalte gegenüber meinen Deutschkenntnissen. Mir wurde leicht abweisend und sehr deutlich vermittelt, dass ich ab jetzt in Beweis- und Bringschuld sei und besser alles korrekt und richtig machen solle, um die Chance auf irgendeine Hilfe zu haben. Meine schwierige Lage wurde als Formular dokumentiert und abgeheftet. Mein Leben steckte fest, zwischen vielen anderen Leben, in einer Schublade mit dem Buchstaben D.

Mehrere Monate kreuzte ich also fast täglich beim Sozialamt auf und Kästchen in Formularen an. Ich sammelte Infos, stellte Anträge und wartete unzählige weitere Male mit meinem Sohn im Arm darauf, dass meine Wartenummer in roter Schrift auf der Anzeigetafel aufleuchten würde. Und ich wartete nicht allein. Die Aufenthaltsräume waren gefüllt mit Menschen. Jeder mit seiner eigenen Geschichte. Einige von ihnen brachten sogar ihre eigenen Klappstühle mit. Von Woche zu Woche wurde es enger in der Wartehalle. Sicherheitspersonal wurde eingestellt. Falls der Unmut bei einem von uns durchkommen sollte. Falls jemand versuchen sollte, körperlich aus der Schublade auszubrechen, in der sein Leben feststeckte. Doch nichts passierte, weder im Wartesaal noch in unseren Akten. Dennoch wurde eine Glaswand am Infoschalter installiert, die der Dame im grauen Hosenanzug nun nicht nur emotionale, sondern auch physische Distanz zu uns verlieh. Weiterhin passierte nichts. Fünf Monate lang. Doch in mir drin passierte viel. Ich fühlte mich meinem *Ich genüge nicht* immer verbundener. Es gab schließlich auch viele Beweise dafür: Ich konnte nicht allein für mich und meinen Sohn sorgen, musste nach Hilfe fragen, hatte meine Beziehung mit meinen Wünschen an sie nicht retten können, verdiente zu wenig Geld, war – so empfand ich es in meinem tiefsten Inneren – gescheitert. Mein inneres Gefängnis war so präsent wie seit Langem nicht mehr.

Fünf Monate später, an einem Morgen, der verregnet, aber angenehm warm war, zog ich wieder eine Nummer im Sozialamt, setzte mich auf einen Metallstuhl und wartete. Als ich dran war, blickte die graue Dame kaum von ihrem Schreibtisch auf. Mit ein paar knappen Worten, die hinter der Glaswand verhallten, drückte sie mir ein Blatt Papier in die Hand. Das Wort *bewilligt* war das Einzige, das ich in dem Moment erkennen konnte. Jetzt hatte ich endlich schwarz auf weiß, was ich am liebsten nie gelesen hätte: Ich war so bedürftig, dass ich Hilfe bekam. Unterstützung vom Staat. Weil ich sie bitter brauchte. Ich schaute meinen Sohn an, der wieder einmal friedlich in meinem Arm schlief. Nichts ahnend, dass seine Mutter gerade in eine neue Schublade gesteckt wurde: *Alleinerziehende Hartz-4-Empfängerin Anfang 20 mit Migrationshintergrund*. Das war er, der Stempel, der mir auf dem Amt verliehen wurde. Ein einschlägiger Datensatz in jeder Sozialstudie. Alles andere nicht relevant, ausgeklammert, um das Ergebnis nicht zu verfälschen. Eine ganz reale Box mit vier Wänden, ein klar definierter Raum, in dem ich ab jetzt katalogisiert, eingeordnet und entsprechend behandelt werden sollte. Das *Ich genüge nicht* schien mir nun auch offiziell auf die Stirn geschrieben. Für jeden ersichtlich.

Mein neuer Status garantierte mir ganze 470 Euro pro Monat. Eine bedeutende Info für jeden Vermieter. Denn nach 45 Wohnungsbesichtigungen hatte ich immer noch kein Dach über dem Kopf, sondern nur die eine Gewissheit gewonnen: Niemand vermietet an jemanden wie mich. Kein Arbeitsvertrag. Keine Lohnbescheinigungen. Keine Absicherung. Selbst eine Wohnung in der Größe eines Schuhkartons, deren Decke einer Tropfsteinhöhle glich, erschien dem Vermieter ein für mich nicht leistbarer Luxus. Doch jetzt war ich 470 Euro sicher, und so kam einige Wochen später dann endlich die Zusage für eine Wohnung. 36 Quadratmeter fester Boden unter den Füßen. Seltsam, wenn ich heute an die kleine Wohnung mit Kochnische und Kinderzimmer denke, steigt in mir das Gefühl von Zuhause auf. Das ist so seltsam, weil ich dieses Gefühl davor nicht kannte. Ich hatte mich noch nie zu Hause gefühlt. Auch darüber möchte ich dir noch erzählen, obwohl es wehtut. Wenn wir uns etwas besser kennengelernt haben, ein wenig vertrautere Reisegefährten sind, finden wir einen guten Zeitpunkt dafür.

Zurück in meine 36-Quadratmeter-Wohnung. Es war eine meiner ersten Nächte im neuen Zuhause, ich saß im klitzekleinen Wohnzimmer, das mithilfe einer dünnen Matratze auch als mein Schlafzimmer diente, und fasste einen Entschluss: dem Datensatz *Hartz 4, alleinerziehend, Unterstützung beziehend*, der mir zwar geholfen hatte und mich doch so abstempelte, so schnell wie möglich zu entfliehen. Ich bewarb mich an der Uni für den Masterstudiengang Musikmanagement. Anders als beim Amt musste ich nicht warten, es gab keine Trennwände, kein Sicherheitspersonal, nur einen freundlich formulierten offiziellen Brief: Ich wurde angenommen und bekam ein Stipendium. Diese Nachricht war wie ein tiefes Einatmen, wie ein Gefühl des Ausdehnens, Wachwerdens, Lichtsehens. Ein Ziel vor Augen. Das Blut rauschte in meinen Adern, ich war bereit, die Luft anzuhalten, um mich ganz zu spüren ... Doch das Gefühl des immer lauter pochenden Herzens stoppte abrupt, als die Realität mich zurück auf den Boden der Tatsachen holte. Mein Status als Hartz-4-Empfängerin erlaubte mir kein Stipendium. Nicht möglich. Entweder eine Wohnung oder die Chance auf eine bessere Zukunft. Entweder-oder. Was für eine unmögliche Entscheidung. *Ich genüge nicht* für beides. *Ich genüge nicht* für diese Chance. Ich begann flacher zu atmen, holte dann doch noch einmal tief Luft ... und entschied mich für die dritte Variante. Ich verschwieg meiner Sachbearbeiterin, dass ich ab jetzt alle acht Wochen nach Wien fliegen würde, um dort zu studieren. Ich tat es einfach. Und ich atmete tief und voller Leben ein und aus. Das Geld für die Unterkunft im Studentenwohnheim und für die Flüge lieh ich mir. Auch nach dieser Hilfe zu fragen, fiel mir schwer – doch ich hielt die Luft an und lernte, den Druck zu überstehen. Dann atmete ich wieder aus und schaute nach rechts: Mein kleiner Sohn, der immer mitreiste, war neben mir und hielt meine Hand. Er griff fast so fest zu, wie ich es tat, um meine Chance festzuhalten.

Ein Mensch atmet im Schnitt 20.000-mal am Tag ein und aus. Ich hatte meinen Abschluss nach 11 Millionen Atemzügen in der Tasche. Was vorher Monate Wartezeit gekostet hatte, ließ sich jetzt mit nur einem einzigen Telefonat rückgängig machen: Ich meldete mich bei der grauen Dame offiziell ab. Den Zettel mit der Aufschrift *Alleinerziehende Hartz-4-Empfängerin Anfang 20 mit Migrationshintergrund* ließ ich im Sozialamt Bonn zurück. Mein inneres Gefängnis mit dem Türschild *Ich genüge nicht* nahm ich allerdings wieder mit.

Wie konnte das sein? Gerade hatte ich zum erneuten Mal in meinem Leben etwas geschafft, was mir nur ein paar Monate zuvor unerreichbar schien. Ich hatte ein abgeschlossenes Studium, was mich exakt für den Bereich qualifizierte, in dem ich mich fortan bewegen wollte: der Musikindustrie. Ich hatte eine Perspektive für meinen Sohn und mich geschaffen. Ich konnte zurückblicken auf die letzten zwei Jahre, die letzten Abermillionen Atemzüge, mit denen ich mich Schritt für Schritt, Luftzug für Luftzug aus der Krise in die Chance bewegt hatte. Und trotzdem war es da, mein *Ich genüge nicht! Ich genüge nicht* für was? Warum? Was musste ich noch tun, noch besser machen, noch zielstrebiger erreichen, um mich endlich *genug* zu fühlen?

Heute weiß ich, dass es gar keiner existenziellen Krise, keines offensichtlichen Scheiterns wie in jenem Jahr 2006 bedurfte, um mich nicht ausreichend zu fühlen. Ich brauchte keine Akte im Sozialamt Bonn für mein *Ich genüge nicht.* Unser Gefühl des Nicht-genug-Seins hat nämlich mit den Eckdaten unseres Erwachsenenlebens herzlich wenig zu tun. Wir lernen dieses Gefühl früher, als wir denken.

Es entsteht nicht durch verpasste Jobchancen, schlechte Schulnoten oder in dem Moment, in dem unsere Jugendliebe mit uns Schluss machte. Der Glaubenssatz *Ich genüge nicht* entsteht bereits viel früher, und zwar in den ersten Jahren unserer Kindheit. Wie und warum das so ist, werden wir auf unserer Reise genauer erforschen und verstehen lernen. Für den Moment können wir erst einmal festhalten: Wir alle tragen ihn in uns, auf die eine oder andere Art, und er beeinflusst uns bis heute.

Ich genüge nicht. Diese drei Worte waren also bereits lange vor 2006 und auch noch viele Jahre danach meine ständigen Wegbegleiter – wie ein böswilliger Zauberspruch. Wären sie nicht so zerstörerisch, so könnte ich sie als meine besten und langjährigsten Freunde bezeichnen, so selten, wie sie mir von der Seite wichen, so schmerzhaft vertraut, wie sie waren, egal, an welchem Punkt in meinem Leben ich mich gerade befand. Als Kind im Haus meiner Großeltern. In der Schule. Nach meinem abgeschlossenen Studium, in meiner neuen Partnerschaft, als Deutschlands erste weibliche Plattenfirmenchefin mit Kind. Immer wieder *Ich genüge nicht.* Ich kann dir gar nicht sagen, wie oft ich mich selbst fertiggemacht habe für all das, was ich nicht bin: nicht erfolgreich genug, nicht glücklich genug, nicht rücksichtsvoll genug. Nicht stark genug, nicht fehlerfrei genug, nicht locker genug. Nicht Mutter genug, nicht Frau genug. Nicht ambitioniert genug, nicht empathisch genug, nicht vertrauend genug. Nicht schön genug, nicht cool genug. Nicht entspannt genug. Nicht klug genug. Nicht liebevoll genug. Einfach nicht genug. Nicht genug in so vielen Momenten meines Lebens.

Wie es mit ständigen Begleitern so ist: Irgendwann fängt man an, sich mit ihnen zu arrangieren. Geschickt hatte ich gelernt, sie vor anderen zu verstecken. Wie heimliche Untermieter, mit denen ich unbemerkt Bett, Tisch und Sofa teilte. Ich versuchte sie auch so gut wie möglich vor mir selbst zu verstecken. Manchmal gelang mir das. Dann ging es mir an der Oberfläche gut. Ich konnte funktionieren, lachen und Ziele erreichen, von denen ich hoffte, sie würden mir endlich das lang ersehnte

Prädikat *gut genug* verleihen. Es gab nur ein Problem: Die Untermieter meldeten sich immer wieder zu Wort, und zwar dann, wenn ich sie am wenigsten gebrauchen konnte. Sie redeten dazwischen, wenn ich von Sehnsüchten und Wünschen erzählte. Sie brachten alles durcheinander, wenn ich gerade aufgeräumt hatte. Und sie aßen meine geistige Nahrung, sodass sie immer größer wurden. *Ich genüge nicht* wurde größer als jeder noch so schöne Moment, ja sogar größer als meine eigenen Träume. Das bekam ich zu spüren, als 2015 einer dieser Träume wahr wurde. Ich hatte gerade meinen Job als erfolgreiche Chefin einer Berliner Plattenfirma gekündigt und mir einen lang ersehnten Traum erfüllt: eine Weltreise, gemeinsam mit Mann und Sohn. Die Schule meines Sohnes befreite ihn für die Reisezeit vom Unterricht und ich war finanziell abgesichert, und zwar nicht nur für die Reise, sondern auch für einige Zeit nach meiner Rückkehr. Eigentlich war alles perfekt. Aber eben nur eigentlich. Die Erfüllung meines großen Traums hatte ich mir auf jeden Fall anders vorgestellt. Ganz anders. Denn obwohl ich auf Bali war und einen frisch gepressten Saft auf einem großen Balkon trank und über weite, saftig grüne Reisfelder blickte, war da wenig Euphorie, wenig Staunen und kein unbeschwertes Lachen. Im Gegenteil, all meine Gedanken schienen sich nur um meine Ängste zu drehen: Hatte ich die richtige Entscheidung getroffen? Was, wenn alles ganz anders käme und ich merken würde, dass ich völlig falsch entschieden hatte? Was, wenn ich mich selbst falsch eingeschätzt hatte und eigentlich gar nicht frei genug war, um überhaupt hier zu sitzen? Womit sollte ich, zurück in Deutschland, mein Geld verdienen? Was, wenn ich keinen Fuß mehr auf den Boden bekommen würde? Was hatte ich mir bloß dabei gedacht? Ich war kurz davor, das Handy rauszuholen und während meiner ersten Auszeit seit über zehn Jahren nach Jobs zu googeln. Ich fühlte mich schlecht, richtig schlecht. Da half auch keine Traumkulisse. Ich war verzweifelt. Wie konnte das sein? Ich war doch freier als jemals zuvor – und trotzdem war da diese sorgenerfüllte Enge, die auf meine Brust drückte. Was war los? Es waren die Mauern meines *Ich genüge nicht*, hinter denen ich saß. Der funkelnde pazifische Ozean war nur einen Steinwurf weit entfernt, doch ich konnte nicht über das Grau meines inneren Gefängnisses hinaussehen.

Freiheit ist unser Ziel, unser Wunsch, unsere Sehnsucht. Solange wir aber in unserem Inneren hinter den Mauern unseres Ich genüge nicht sitzen, können wir nicht wirklich frei sein. So lange bleibt jede Freiheit im Außen eine Hülle. Diese kann zwar schön, wichtig oder sogar unterhaltsam sein, aber sie bleibt eben eine Hülle.

Spürst du, was ich meine?

Denn letztendlich habe ich – und hast wahrscheinlich auch du – das große Privileg, zu einer gewissen Zeit in der Geschichte auf einem gewissen Fleck dieser Erdkugel zu leben, an dem wir viele Freiheiten ganz selbstverständlich genießen dürfen. Wir können uns entfalten, ohne von Staat, Gewalt oder existenzieller Bedrohung davon abgehalten zu werden. Und trotz all dieser äußeren Freiheit fühlen wir uns nicht wirklich frei.

Menschen, die scheinbar alles haben, die sich sogar ihre Träume erfüllen können, fühlen sich leer und gehetzt, wenn eine entscheidende Komponente fehlt: innere Freiheit. Dann kann keine noch so große äußere Errungenschaft uns wirklich glücklich machen. Wir alle kennen solche Menschen. Vielleicht sehen wir einen von ihnen ja auch hin und wieder, wenn wir in den Spiegel schauen. Ich sah diesen Menschen beim Blick in den Spiegel auf Bali.

Aber es gibt einen Weg raus aus unserem inneren Gefängnis!

Wir können unseren Glaubenssätzen, die uns so tief herunterziehen, die Schwere nehmen. Wir können unsere Ängste und Selbstzweifel in Kraft und Würde umwandeln. Dies geschieht, wenn wir lernen zu erkennen, wie sie entstanden sind, wann sie uns beeinflussen und wodurch wir sie ersetzen können – dafür gibt es gute Methoden, die du auf unserer Reise kennenlernen wirst. Ich bin davon überzeugt und ich habe es selbst erfahren, bei mir und vielen anderen, dass wir – wenn wir uns nur trauen – mithilfe dieser Methoden unsere negativen Glaubenssätze auflösen, dadurch unsere bisherige Konditionierung verlassen und ihn machen können: den immensen, unschätzbar kostbaren Schritt in Richtung Freiheit. Und das ist es, wohin unsere Reise führt.

Auf dem Weg in die Freiheit

Der Weg in meine persönliche Freiheit wurde geebnet durch die Lehren, die ich in diesem Buch für dich zusammengetragen habe. Sie alle zielen auf denselben Punkt: mentale und seelische Fesseln abzulegen. Erst, wenn wir unsere inneren Fesseln so weit wie möglich ablegen, können wir unsere äußere Freiheit wahrhaftig erfahren und genießen. Solange uns innere Freiheit fehlt, bleibt die äußere unvollständig.

Der Weg in diese innere Freiheit – und dadurch auch in das wahrhaftige Erleben von äußerer Freiheit – hat kein vorherbestimmtes, klar absehbares Ende. Doch er hat einen Startpunkt, er hat Gabelungen und Abzweigungen – und er hat Meilensteine. Sie markieren die entscheidenden Punkte der Reise und schenken uns die wichtigsten Lektionen. Das, was wir durch sie lernen, nehmen wir für immer mit. Jeder weitere Schritt wird dadurch leichter. Diese Meilensteine, diese Erfahrungen auf dem Weg, werden zu den wichtigsten Begleitern unserer Reise. Sie heißen Mut, Ehrlichkeit und Soulpower.

Damit wir diese Meilensteine erreichen und uns Schritt für Schritt der Freiheit nähern, folgen wir einer klaren Reiseroute in drei Etappen.

Die Reiseroute

Vergangenheit

Um den Ausgangspunkt unserer Reise, den Ursprung unserer negativen Glaubenssätze zu verstehen, reisen wir zuerst in unsere Vergangenheit. Wir werden unsere persönliche Historie tapfer und aufrichtig betrachten – mit *allem*, was sie uns zeigt. Wir erinnern uns bewusst auch an das, was schmerzhaft ist. Denn ein Großteil unseres Leids entsteht, weil wir dem Schmerz zurückliegender Jahre, Tage und Momente nicht in die Augen sehen. Doch das wollen wir nun tun, um zu heilen, unser *Ich genüge nicht* zu überwinden und uns zu befreien. Dabei entdecken wir zugleich eine wunderschöne Wahrheit: In unserer Geschichte liegt auch eine verborgene, unermessliche Kraft voller Geschenke und Ressourcen! Diese Kraft werden wir finden, erkunden und erfahren. Und du wirst sehen: Alles, was du für deine Heilung und die damit einhergehende Auflösung deiner negativen Glaubenssätze brauchst, trägst du bereits in dir.

Gegenwart

Auf der zweiten Etappe reisen wir in unsere Gegenwart und setzen die neuen Erkenntnisse in die Tat um. Wir integrieren sie in den Alltag und vertiefen so unseren Heilungsprozess. Wir wollen noch mutiger, ehrlicher und freier werden. Wir haben nun einen klaren Blick auf unsere Verhaltensweisen, Strategien und Glaubenssätze. Wir erkennen, dass die Narben der alten Wunden nicht zu einer weiteren Verhärtung unseres Lebens führen müssen. Wir lernen, dass wir die alten Rollen der Vergangenheit nicht weiterspielen müssen. So verlassen wir die reaktive Opferrolle und blühen auf in einer aktiven Schöpferrolle für unser neues Leben.

Um uns dabei zu helfen, führen wir das wichtigste Gespräch unseres Lebens: das mit unserem eigenen Geist. Wir werden unseren Geist ganz direkt ansehen und erforschen und am eigenen Leib erfahren, welche Auswirkungen sein Zustand auf unser Fühlen und unser Erleben hat – denn in deinem Geist entscheidet sich nichts weniger als die Frage, ob du glücklich oder unglücklich bist.

Zukunft

Was passiert, wenn wir wirklich erfahren, dass jede Story von *Ich genüge nicht* in Wirklichkeit nicht wahr ist? Wenn dieser Zeitpunkt gekommen ist, dann werden wir furchtloser und aufrichtiger sein denn je. Wir leben mit Mut, Ehrlichkeit und Soulpower. Jetzt haben wir die Möglichkeit, ganz ohne Zwang, ganz ohne Druck, einfach aus einer entspannten Haltung der inneren Freiheit heraus auch die äußeren Grenzen unserer Freiheit zu verschieben. Deswegen widmen wir uns auf dieser Etappe der Frage, wie das Leben, das du wirklich leben willst, aussehen soll. Wir richten unseren Kompass aus, verlassen das Feld von Unentschlossenheit und setzen klare Prioritäten. Zum Abschluss begibst du dich auf eine Heldenreise und lernst, wie du alles, was du auf deinem bisherigen Weg gefunden hast, in die Welt tragen kannst.

Du wirst sehen: Unsere Reise führt uns zu unseren höchsten Gipfeln, auf jedem Schritt unserer Reise erwartet uns die Freiheit – doch dafür müssen wir auch unsere tiefsten Täler durchqueren. Das Gute dabei ist, dass jeder noch so kleine Schritt uns wagemutiger macht für den nächsten. Mit jedem Schritt auf dieser Reise, mit jedem Mal, wenn wir uns mutig, ehrlich und mit Soulpower für die Freiheit entscheiden, häuten wir uns von unseren alten Mustern, so als würden wir eine Zwiebel schälen, Schicht um Schicht. Ich persönlich muss immer weinen, wenn ich Zwiebeln schäle. Doch jedes Mal lohnt es sich, denn am Ende bin ich ganz erfüllt mit Freude und Genuss dank des würzigen Aromas der fertigen Speisen. Dann vergesse ich völlig, dass ich auf dem Weg überhaupt weinen musste.

Hilfe auf der Reise

Unabhängig davon, wie viele Coachings ich gebe oder wie viele Worte ich auf die Seiten dieses Buches schreibe, ich bleibe für immer eine Schülerin. Eine Schülerin meiner Mitmenschen, eine Schülerin meiner Lehrer und vor allem eine Schülerin des Lebens. Mein eigener Prozess der Selbsterfahrung ist nie abgeschlossen. Ich spreche also nie als Angekommene, sondern immer als Mitreisende. Für unsere Reise habe ich die Übungen und Meditationen ausgewählt, die mir auf meiner Reise am meisten geholfen haben und weiterhin helfen. Dabei habe ich versucht, alles zu sortieren und so anzuordnen, dass auch du Schritt für Schritt deine Freiheit entdecken und entfalten kannst.

In diesem Buch findest du also Methoden aus Coaching, Psychologie, Achtsamkeitspraxis, Buddhismus und Schamanismus wie zum Beispiel die Arbeit mit dem inneren Kind und anderen inneren Anteilen, Meditationen, Visualisierungen, Mantras, positive Affirmationen, Dankbarkeitspraxis und vieles mehr. Sie alle dienen dazu, dass wir uns selbst besser kennenlernen auf einer Ebene, die viel tiefer geht als ein rein intellektuelles Grübeln über unsere Lebensthemen.

Zum Umgang mit dem Buch

Ich möchte dir ans Herz legen, dass du beim erstmaligen Lesen dieses Buches die Reiseroute und somit auch die Reihenfolge der Meditationen und Übungen einhältst. Denn, erinnere dich, wir befinden uns in einem Prozess, der nach und nach, Schicht für Schicht, stattfindet.

Nachdem du dieses Buch von vorne bis hinten gelesen und alle Übungen und Meditationen praktiziert hast, wirst du nach deinen individuellen Bedürfnissen jederzeit auf sie zurückgreifen können, ganz so, wie es deine Lebenssituation erfordert.

Vor allem aber wirst du ein Wissen und ein Bewusstsein erlangen, die dich auf deiner Reise, die über das Buch hinausgeht, stärken und begleiten. Auch möchte ich dir mit diesem Buch helfen, eine regelmäßige Meditationspraxis zu etablieren, um deine Erfahrungen dieser Reise in deinem Alltag weiter zu festigen.

Entscheide hierfür vorerst selbst, welche Sitz- oder Körperhaltung du bei den Meditationen einnimmst. In vielen alten Traditionen wird zwar ein ganz bestimmter Meditationssitz empfohlen, den ich dir im weiteren Verlauf des Buches noch vorstellen werde – er ist erprobt und hat seit Tausenden von Jahren vielen Menschen bei der Meditation geholfen. Ein gerader Rücken, die Füße in Kontakt mit dem Boden und eine aufrechte und gleichzeitig entspannte Haltung sind Bestandteile davon. Du kannst dich auf den Boden, auf ein Meditationskissen oder auf einen Stuhl setzen. Aber wenn du möchtest, kannst du dich vorerst auch hinlegen oder dich deinen Bedürfnissen entsprechend mit Kissen und Decken unterstützen. Probier es aus! Ebenso kannst du damit experimentieren, ob du mit geschlossenen oder offenen Augen meditierst. Da die Meditationen in diesem Buch etwa 10 bis 20 Minuten dauern, schlage ich vor, dass du dir insgesamt jeweils eine knappe halbe Stunde Zeit einräumst. So kannst du dich vorbereiten, entspannen und tief versenken und musst danach nicht abrupt wieder aufstehen.

Wohin auch immer wir auf den nächsten Seiten gemeinsam gehen: Es ist vor allem deine Reise. Übe also in deinem Tempo. Nimm dir *deine* Zeit! Es gibt kein vorgeschriebenes Minimum oder Maximum an Aufwand. Manchmal sind es nur Minuten, die du brauchst, um eine Erkenntnis zu haben. Manchmal sind es auch Stunden oder sogar Tage. Wenn du das Gefühl hast, dass du für eine Übung oder Meditation mehrere Wiederholungen brauchst, dann nimm dir die Zeit dafür. Du darfst immer auf deine Intuition hören. Wichtig ist nur, dass du dranbleibst und die Zeit zwischen den Übungen und Meditationen nicht unnötig ausdehnst, denn sonst riskierst du, dass du die Auseinandersetzung und Selbsterforschung einfach aufschiebst. Sei mutig! Sei ehrlich! Komm in deine Soulpower!

AND YOU THINK YOU ARE SMALL?

Der höchste Wert von Galaxien im Universum

liegt bei 200 Milliarden.

Der niedrigste Wert von Körperzellen eines Menschen

liegt bei 1 Billion.

Du bestehst also aus mindestens

800 Milliarden mehr Zellen,

als es Galaxien im Universum gibt.

Von der Angst, zu wachsen

Die Welt um uns herum ist unbeschreiblich groß. Allein unsere Erde ist so weit und divers, dass wir sie ein ganzes Leben lang erforschen können und am Ende doch nur einen kleinen Bruchteil von ihr gesehen haben. Das Sonnensystem, von dem wir ein kleiner Teil sind, ist wiederum ein kleiner Teil unserer Galaxie, die wiederum ein kleiner Teil einer Ansammlung von Galaxien ist, die wiederum ein kleiner Teil eines kleinen Abschnitts des Universums ist. Wer auch immer du bist, wo auch immer du gerade stehst oder sitzt: Du schwebst im Weltall deiner Möglichkeiten.

Doch diese Weite macht uns manchmal auch Angst. Alles scheint so groß, so überfordernd zu sein, dass wir schrumpfen möchten. Wir möchten dann am liebsten nur die kleinen Dinge anschauen, die, von denen wir meinen, Kontrolle über sie zu haben – wie zum Beispiel unser Mittagessen. Und auf einmal entscheidet sich bei Brokkoli oder Blumenkohl der weitere Verlauf unseres Tages: Wenn wir bekommen, was wir wollen, sind wir – zumindest kurzfristig – zufrieden. Das falsche Mittagessen aber hat das Potenzial, uns den Tag zu ruinieren.

Doch ich sage es noch einmal: Wir schweben im Universum unserer Möglichkeiten! Hab keine Angst davor, dies zu erkennen. Und dennoch lass uns natürlich trotzdem weiterhin täglich versuchen, die kleinen Dinge so gut und gewissenhaft wie möglich zu erledigen, lass uns das – für uns – perfekte Mittagessen kochen, lass uns freundlich zu den Nachbarn sein! Und auch wenn uns das mal nicht gelingt, können wir uns daran erinnern, dass ein schlechtes Essen oder eine unangenehme Begegnung unseren Tag nicht definiert: All das sind nur Momente. Wir sind weiterhin Teil des unendlichen Universums. Wir sind Teil aller seiner Möglichkeiten.

Und wir müssen auf keinen Fall Angst vor unserem Potenzial haben, keine Angst vor unserer Kraft und unserer Courage.

Die Raupe und der Schmetterling

In den Momenten, in denen du dich dennoch klein fühlst und in denen du den Kopf in den Sand stecken willst, in Momenten, in denen du Angst vor deiner eigenen Größe bekommst und sie daher einfach vergessen willst: Denk an die Metamorphose des Schmetterlings. Die Raupe ahnt im Kokon bereits, dass etwas passieren wird. Sie kann spüren, dass sie dazu bestimmt ist, ein Schmetterling zu sein. Doch wenn sie sich im Spiegel ansieht, dann muss sie sich eingestehen, dass nichts an ihr so aussieht, als würde es jemals Flügel haben können.

So ähnlich fühlst du dich vielleicht auch manchmal auf deinem Weg in die Freiheit, auf deinem Weg zum Schmetterling. Du kannst es vielleicht noch nicht erkennen, doch du wirst dieser Schmetterling werden. Ganz bestimmt und ohne Zweifel. Und obwohl du keine Vorstellung davon hast, was das genau bedeuten mag, kannst du es bestimmt spüren, irgendwo tief in dir drin, dass auch du eines Tages Flügel haben, dass auch du in allen Farben des Regenbogens glänzen wirst.

Und trotzdem verlässt dich des Öfteren der Mut, wenn du dir deine jetzige Lebenssituation oder Verfassung anschaust. Es scheint dir, wenn du – wie sagt man so schön? – *mal ganz realistisch* bist, vielleicht sogar schier unmöglich, dass diese Verwandlung für dich bestimmt ist. Stattdessen fühlst du Ohnmacht und Angst, Wut und Verunsicherung, Scham und Verzweiflung. Du fühlst dich gefangen in den Geistern deiner Vergangenheit, egal ob als verletztes Kind, als verletzter Teenager oder als verletzter Erwachsener.

Und du fragst dich, wie zur Hölle aus diesem verunsicherten Wesen ein starker, freier Mensch werden kann. Du schaust auf deinen vollgepackten Alltag, bestehend aus Rechnungen, die du zu zahlen hast, aus frühem Aufstehen und aus dem ganzen Druck von außen ... Wie sollst du da jemals ein selbstverwirklichtes Leben führen?

Hab Vertrauen, dass auch du für Flügel bestimmt bist, sie gehören zu deiner Natur. Erinner dich an das Weltall der Möglichkeiten. Ich weiß, dass du manchmal am liebsten nur über das Mittagessen nachdenken möchtest – doch sei mutig, sei ehrlich und erinner dich an deine Soulpower. Hab Geduld. Hab Zuversicht. Jeder kleine Schritt zählt. Und stell dich den Herausforderungen. Sie werden dir helfen. Das ist ganz sicher. Jede große Herausforderung besteht aus kleinen Prüfungen, jedes Überwinden deiner Angst macht dich stärker.

Wenn die Raupe beginnt, sich zu verpuppen, wird im Kokon ein Enzym freigesetzt, das dafür sorgt, dass sich die Raupe Stück für Stück auflöst. Natürlich wehrt sich die Raupe dagegen mit all ihrer Kraft! Sie will zwar ein Schmetterling werden, doch sie hat unbeschreibliche Angst davor, nicht mehr so zu existieren, wie sie es bisher kannte. Doch Schritt für Schritt wird sich dieser Prozess vollziehen. Dabei geschieht ein Wunder: Während sich die Raupe scheinbar auflöst, werden neue Zellen im Kokon aufgebaut, die sogenannte Imagozellen. Das Wort *Imago* kommt von dem lateinischen Wort für „Bild", „Vorstellung" „Fantasie". Es weist darauf hin, dass etwas Neues entsteht – ein Bild, das vielleicht sogar unsere Vorstellungen übersteigt. Die Imagozellen beginnen dann, sich miteinander zu vernetzen, und produzieren als Allererstes etwas Fantastisches: Flügel. Sie wachsen dem werdenden Schmetterling, zuerst einer rechts und dann einer links. Durch die weitere Ansammlung und Vernetzung von Imagozellen reift der Schmetterling so lange, bis der Kokon ihm zu eng wird. Nun will er ausbrechen – doch es ist bisher nur eine winzige Öffnung im Kokon entstanden, ein kleines Licht am Ende des Tunnels, kaum bemerkbar für den Schmetterling. Er muss sich mühsam durch diese Öffnung zwängen, sich anstrengen und kämpfen – um schließlich nach diesem immensen Kraftakt endlich in die Freiheit zu fliegen.

Jeder einzelne noch so anstrengende Teil dieser Metamorphose ist unumgänglich und essenziell wichtig. Ich habe eine Geschichte gehört über einen Mann, der einen werdenden Schmetterling in seinem Kokon gesehen hat. Als der Mann sah, wie mühselig der Schmetterling versuchte, sich durch den Kokon zu zwängen, entschloss er sich, dem Schmetterling zu helfen, und schnitt den Kokon auf. Der Schmetterling fiel zu Boden und starb.

Damit der Schmetterling in die Freiheit gelangen kann, muss er den ganzen Prozess durchlaufen. Auch die Teile, vor denen er Angst hat, gegen die er sich wehrt, die für ihn anstrengend und ermüdend sind. Genauso hilft auch uns jede einzelne Erfahrung auf unserem Weg dabei, in die Freiheit durchzubrechen. Vor manchen Stationen auf deinem Weg wirst du Angst haben und du wirst versuchen, dich mit Händen und Füßen gegen sie zu wehren. Andere Stationen werden so anstrengend sein, dass du sie verfluchst. Trotzdem sind sie alle ein Geschenk. Die menschliche Metamorphose, deine und meine, bedeutet, dass wir uns selbst und das Bild von uns, das wir mit aller Anstrengung versuchen aufrechtzuerhalten, loslassen. Trotz der Angst davor, uns aufzulösen. Nur so können wir werden, was wir bestimmt sind zu sein: mutiger, ehrlicher und mit mehr Soulpower, als wir es uns jemals vorstellen können.

MEDITATION

Sei bei dir

(▶ AUDIO)

Nimm dir genau jetzt, mit allen Bildern und Emotionen, die du gerade bei dir trägst, einen kurzen Moment Zeit. Nimm ein paar bewusste und tiefe Atemzüge. Ein, aus. Ein, aus. Wenn es die Situation erlaubt, schließ dabei deine Augen. Du musst jetzt nichts weiter tun. Der Tag bis zu diesem Moment ist vergangen. Vollständig vergangen. Du kannst die Erinnerungen, Bilder und Worte loslassen. Du musst darüber jetzt nicht mehr nachdenken. Du atmest ein und aus. Ein, aus. Der Tag nach diesem Moment, letztendlich der Rest deines Lebens, ist noch nicht gekommen, du musst jetzt nichts planen. Mach dir selbst das Geschenk, jetzt hier ganz bei dir zu sein und einfach nur zu atmen. Einatmen und ausatmen. Ein, aus.

Wenn du so weit bist, öffne die Augen.

Jetzt geht es los. Auf unsere Reise. Hab Vertrauen. Komm einfach mit!

THE REAL WOKE

Atme ein. Atme aus.

Erinnere dich, wer du bist.

UNSERE GEMEINSAME REISE

ENTDECKE DEINE VERGANGEN- HEIT NEU

———————

Atme tief ein. Spür, wie die Luft deinen gesamten Körper füllt. Halte die Luft am tiefsten Punkt des Einatmens an ... Noch einen Moment ... Kannst du fühlen, dass du lebendig bist? Jetzt atme langsam und bewusst aus. Genieß diesen Moment.

Der Mensch, der du jetzt gerade bist, mit deiner Erfahrung des Atmens, der Lebendigkeit, deinem Körper, aber auch mit deinen Ängsten, Zweifeln und Gedanken ist das Ergebnis all deiner Erfahrungen und Prägungen. Sie sind biologisch, psychisch, seelisch, spirituell. Wie auch immer du sie nennen oder bezeichnen möchtest, sie machen dich zu dem Menschen, der jetzt gerade atmet, und zu demjenigen, dem andere Menschen begegnen. Dein Charakter, deine Persönlichkeit und deine Denk- und Verhaltensmuster haben alle ihren Ursprung in der Summe dessen, was du erlebt hast und was dir mitgegeben wurde. Es gibt mit absoluter Sicherheit Teile von dir, die du nicht magst. Es gibt Teile von dir, für die du anderen Menschen die Schuld gibst. Es gibt Teile von dir, die du am liebsten für immer verstecken würdest, an einem ganz abgelegenen Ort, den niemand kennt. Doch alles, was du bist, ist erst einmal völlig in Ordnung und sogar nachvollziehbar: Alle deine Eigenschaften, Wünsche und Ängste sind entstanden, weil sie durch reale Erfahrungen ausgelöst wurden und weil sie einen bestimmten Zweck für dich erfüllt haben. Daher blicken wir als Erstes in die Vergangenheit und suchen nach prägenden Momenten und Situationen, die uns zu dem gemacht haben, was wir heute sind.

Heilen durch Erinnern

Für die Zwecke dieser Etappe unserer Reise können wir sagen: Unsere Vergangenheit beginnt in dem Moment, in dem wir geboren werden. Voller Vertrauen erblicken wir das Licht der Welt. Voller Vertrauen in das Leben und die Menschen, die uns umgeben. Meistens sind dies unsere Eltern, es können aber auch andere Menschen sein, die sich unserer annehmen und sich um uns kümmern. Bedingungslos vertrauen wir auf ihre Liebe, ihre Zuwendung und ihr Wohlwollen. Ehrlich gesagt bleibt uns auch nichts anderes übrig, denn in unseren ersten Lebensjahren sind wir vollkommen abhängig von ihnen. Kümmern beinhaltet neben dem reinen Versorgen mit Nahrung, einem Dach über dem Kopf und wärmender Kleidung auch die Komponente von emotionaler und körperlicher Nähe. Wir brauchen Aufmerksamkeit, Zuspruch, Liebe und Berührungen. Diese Form von Nähe und körperlicher Zuwendung ist in den ersten Lebensmonaten für uns sogar ganz grundlegend von Bedeutung – sie ist überlebenswichtig.

Zu Beginn des 20. Jahrhunderts gab es eine Reihe trauriger Todesfälle von Säuglingen in britischen und amerikanischen Waisenhäusern. Dort wurden die Neugeborenen von professionellen Krankenschwestern versorgt, die sie gewissenhaft wickelten und fütterten. Alles schien mit Sorgfalt und Mühe erledigt zu werden, doch nach einiger Zeit starben die Babys. Fast unvorstellbar, aber wahr: Die Todesrate lag bei fast 100 Prozent. Verschiedene Psychiater und Ärzte wie der Kinderarzt Harry Bakwin beschäftigten sich in der Retrospektive mit diesem Phänomen. Sie versuchten herauszufinden, was den Tod der Babys herbeigeführt hatte und ob es vielleicht Symptome einer ansteckenden Krankheit gab, aber sie fanden nichts. So erwuchs ein Verdacht, der sich in der Folge als einzig plausible Erklärung für das Sterben der Säuglinge herausstellte: Die Babys waren gestorben, da ihnen körperliche Nähe fehlte. Die Abwesenheit von Körperkontakt und liebevoller Berührung war der Faktor, der zum Tod dieser kleinen Menschen geführt hatte. Das reine Versorgen mit Nahrung und frischen Windeln reichte nicht zum Überleben. Bei den Kindern, die dennoch überlebten, fanden die Forscher eine alarmierend hohe Rate von kognitiven Einschränkungen bis hin zu geistigen Krankheiten. Aufgrund dieser und weiterer Forschungen gilt es heute als wissenschaftlich gefestigt, dass es für uns lebensentscheidend ist, als Babys gestreichelt und in den Arm genommen zu werden.

Hallo, hallo! Ist da wer? Dein inneres Kind

Auch in den folgenden Jahren, in denen wir heranwachsen und immer unabhängiger werden, bleiben Liebe und Zuwendung entscheidend für eine glückliche Kindheit und Jugend, ja entscheidend für unser ganzes späteres (Er-)Leben. Gerade in den ersten Lebensjahren ist unser Unterbewusstsein weit offen und speichert alle unsere Gefühle, Erinnerungen und Erfahrungen. Man könnte sagen, wir laufen durch unsere Kindheit mit einem Kassettenrekorder und halten dabei die Aufnahmetaste gedrückt. Heute als Erwachsene spielen wir uns diese Aufnahmen immer wieder vor – und so entsteht das, was wir unser *inneres Kind* nennen. Dieses innere Kind ist die Versinnbildlichung der Summe dieser Aufnahmen, also aller Momente, die uns geprägt haben.

Da gab es einerseits viele Momente voller Glück, Wertschätzung und Fürsorge. Momente, in denen du sorglos warst, geliebt und beschützt. Erinnerst du dich? Atme gerne noch mal tief ein und schließ einen Augenblick deine Augen. Welche Bilder aus deiner Vergangenheit tauchen auf, wenn du an diese schönen und geborgenen Momente denkst? Diese Erfahrungen haben dich gestärkt, neugierig auf das Leben gemacht und voranschreiten lassen – sie haben dich positiv geprägt. Durch sie konntest du wertvolle Kraftressourcen sammeln, die dich bis heute auf deinem Lebensweg unterstützen und dies auch in Zukunft tun werden.

Doch da gab es noch diese anderen Momente, die dich negativ geprägt haben. In denen dich Menschen verletzt und verunsichert haben. Momente, in denen es dir an Zuwendung, Sicherheit, Beständigkeit, Bestätigung, Rückhalt und bedingungsloser Liebe fehlte. Diese schwierigen Momente waren nicht nur der Ursprung der drei Worte *Ich genüge nicht*, die uns schon so viele Jahre begleiten, sondern zugleich der Nährboden dafür, dass ebendieser Glaubenssatz und seine Ableger tiefe Wurzeln in uns schlagen konnten.

Vielleicht warst du gesegnet mit einer Kindheit voller Geborgenheit und hattest Eltern, die dir ihre uneingeschränkte Liebe, Nähe und Fürsorge schenkten. Vielleicht aber hat dir all das gefehlt. Vielleicht liegt deine Wahrheit aber auch irgendwo dazwischen. So unterschiedlich unsere Geschichten auch sein mögen, so viel Nähe und Liebe wir erfahren durften, irgendwann wurde unser aller Urvertrauen erschüttert. Erst einmal, dann zweimal, dann dreimal. Wie eine Teeschale aus Porzellan bekam es erst kleine Risse und dann Sprünge, bis es schließlich zerbrach. Unsere Welt war ab da nicht mehr ganz. Wir fühlten uns plötzlich allein. Hilflos. Zurückgewiesen. Verunsichert. Manche von uns aus ganz traurigen und offensichtlichen Gründen wie Vernachlässigung, Gewalt oder dem Erlebnis einer Scheidung der Eltern. Andere von uns, weil wir viel zu früh erwachsen werden mussten, um unseren Eltern Halt zu geben oder um ihre emotionale Abwesenheit auszugleichen. Wieder andere von uns spürten diesen Bruch, weil unsere Eltern uns nicht vor sozialen Ungerechtigkeiten oder dem bloßen Hass von Rassismus schützen konnten. Vielleicht gab es da noch die subtilen Auslöser, die nur zu erkennen sind, wenn man ganz genau hinschaut. Auslöser wie emotionale Distanz, unachtsame Worte, prüfende Blicke oder Liebesentzug als Erziehungsmaßnahme. Ihre Subtilität macht ihre Auswirkung nicht weniger verheerend, nur weil es so schwerfällt, sie zu benennen. Je feiner die Risse in unserem Porzellan sind, desto eher haben wir vielleicht fast schon ein schlechtes Gewissen zu sagen, dass uns etwas gefehlt hat.

Als Kinder heroisieren wir unsere Eltern, sie erscheinen uns unfehlbar, gar unerschütterlich. Aber heute als Erwachsene wissen wir nur selbst zu gut, dass die steigende Zahl unserer Lebensjahre keineswegs für Unfehlbarkeit oder Furchtlosigkeit sorgt. Im Gegenteil: Wir sammeln sogar immer mehr Bedenken und immer komplexere Erklärungen für unsere Sorgen an. So war es auch bei unseren Eltern, die mit den Jahren immer neue Sorgen hatten. Und genau wie wir heute wussten auch sie damals oft nicht, damit umzugehen. Und auch wenn sie ihr Bestes gaben, um uns zu behüten und beschützen, waren sie nicht perfekt und konnten uns nicht vor diesem neuen Gefühl, das wir nach dem Verlust des Urvertrauens kennenlernten, bewahren: der Angst. Zu komplex ist für die meisten Eltern die eigene Geschichte, zu groß die eigenen Ängste. Vielleicht waren unsere Eltern selbst traumatisiert durch eigene Erlebnisse oder gar durch die geerbten Traumata ihrer Eltern.

Denken wir zum Beispiel einmal an die Tatsache, dass einige unserer Eltern aus Kriegsgebieten stammen oder vielleicht der deutschen Nachkriegsgeneration entsprangen, also selbst von Eltern großgezogen wurden, die als Kinder oder junge Erwachsene den Krieg und seine erschütternden Auswirkungen am eigenen Leib zu spüren bekommen hatten. Egal, wo deine Wurzeln liegen, nur ein oder zwei Generationen vor dir träumten die Menschen deiner Familie noch von dem, was für uns heute ganz selbstverständlich ist. Meine Großmutter erzählt mir noch heute, wie sie während der Bombenangriffe von Würzburg und Rostock zitternd in den Trümmern zerstörter Häuser saß. Ihr einziger Gedanke damals war: *Wenn ich jetzt sterbe, weiß niemand, wo ich bin.* Auch die Geschichten meines Daddys über die harte Zeit unter der Apartheid in Südafrika und über seine gemeinsame Haftzeit mit Nelson Mandela klingen in meinem Ohr und Herzen noch nach.

Da wir nun mal den Großteil unserer Kindheit in dem Energiefeld unserer Eltern verbrachten, haben wir ihre Ängste zwangsläufig zu spüren bekommen, sie oft übernommen und zu unseren eigenen gemacht. Heute hören wir diese an uns übertragenen Ängste als innere Sätze zu uns sprechen. *Du musst vorsichtig sein!* ist einer dieser Sätze. Ihn haben wir wohl ziemlich früh gelernt, bei den ersten Laufversuchen als Kleinkind und beim Auf-den-eigenen-Füßen-Stehen als junge Erwachsene. Wir lernten vielleicht auch sehr früh, dass wir uns für alles, was sich lohnt zu erreichen, sehr anstrengen müssen. Anstrengen, um dazuzugehören. Anstrengen, um es in der Welt – wie sagt man so schön? – *zu schaffen*, nicht den

Anschluss zu verlieren. Anstrengen, damit das, was wir tun, überhaupt einen sogenannten Wert hat. Aber: Wer bestimmt überhaupt, was von Wert ist? Viele dieser Glaubenssätze begleiten uns bis heute. Welcher erklingt in dir, wenn du kurz in dich hineinhörst? Manchmal glaube ich, dass wir als Kinder ganz viel gelernt haben – doch leider nicht oder nur selten, uns selbst zu vertrauen und auf unsere Intuition zu hören.

Unsere Grundbedürfnisse: Die Risse im Porzellan

Um zu verstehen, wie genau diese Risse in das Porzellan deiner zunächst unbedarften Kindheit gelangt sind, hilft ein Blick auf die sogenannte Konsistenztheorie des Psychologen Klaus Grawe. Dieser Theorie zufolge haben wir Menschen vier psychologische Grundbedürfnisse, deren Erfüllung wir für ein ausgeglichenes Leben anstreben. Bei jedem von uns gab es jedoch viele Momente, in denen meist mehrere dieser Grundbedürfnisse keine Beachtung fanden. Wenn wir uns diese Momente anschauen und erkennen, wie sie sich ausgewirkt haben und unser Denken, Fühlen und Handeln noch heute prägen, kann dies ein Schlüssel zum tieferen Verständnis unserer Vergangenheit werden.

Schauen wir zunächst auf diese vier Grundbedürfnisse und insbesondere auf ihre Ausprägung in der frühen Kindheit.

1. **Das Bedürfnis nach Bindung:** Ohne Bindung an Bezugspersonen – und diese beinhaltet auch den liebenden Körperkontakt, wie die Fälle in den Waisenhäusern gezeigt haben – können wir nicht leben. Wir alle haben das tiefe Bedürfnis nach Nähe, nach Berührungen und menschlicher Wärme. Wir brauchen sie wie die Luft zum Atmen.

2. **Das Bedürfnis nach Autonomie:** Wie alle Kinder wollten auch wir die Welt entdecken und erforschen. Wenn unser Erkundungsdrang aufgrund der Ängste unserer Eltern durch übermäßige Kontrolle unterdrückt wurde, hatte das verheerende Folgen für unser Selbstwertgefühl. Wir konnten uns dann nicht wirklich ausprobieren, unsere Kräfte nicht austesten und unsere eigenen Möglichkeiten nicht ausreichend kennenlernen. Das macht es uns heute, da wir erwachsen sind, so schwer, ein unabhängiges Leben zu führen.

3. **Das Bedürfnis nach Lustbefriedigung:** Jede von uns hat den ganz natürlichen Instinkt, Lust zu gewinnen und Unlust zu vermeiden. Wir wollen, dass es uns so gut wie nur möglich geht. Dagegen spricht grundsätzlich erst mal nichts. Und trotzdem ist es wichtig, dass wir lernen, unser Lust- und Unlustempfinden zu regulieren, denn nur so können wir einen gesunden Triebverzicht erlernen. Wenn wir in unserer Kindheit zu stark reglementiert wurden, kann das zur Folge haben, dass wir ein zwanghaftes Verhalten entwickeln, das bis ins Erwachsenenalter fortdauert. Wir untersagen uns dann auch als Erwachsene die natürlichen Dinge des Alltags wie Süßigkeiten oder Pausen. Werden wir als Kinder andererseits zu sehr verwöhnt, fällt es uns auch wenn wir erwachsen sind schwer, unsere Gelüste zu bremsen. Viele Formen von Suchtverhalten liegen in diesen Dynamiken begründet.

4. **Das Bedürfnis nach Anerkennung:** Wir alle brauchen das Gefühl, willkommen zu sein und einen Platz in der Gemeinschaft zu haben. Als Babys und Kleinkinder haben wir in der Mimik unserer Eltern gelesen, ob wir willkommen sind oder nicht. Wurden wir als Babys oft angelacht, bekamen wir signalisiert, dass sich andere über uns freuen. Forscher sprechen hier auch von einem gespiegelten Selbstwertempfinden. Wird uns diese Form der Anerkennung vorenthalten, führt das zu einem labilen Selbstwertgefühl und macht uns als Erwachsene stark abhängig von der Anerkennung anderer.

Wenn eines dieser Grundbedürfnisse nicht gestillt wurde, haben wir bereits als Kinder nach Mitteln und Wegen gesucht, zu bekommen, was uns verwehrt wurde. Wir wollten, dass jemand kommt und sich um uns kümmert, uns das gibt, was wir so sehr brauchen. Manche von uns haben geschrien, rebelliert und geweint, waren extralustig oder extralaut. Andere von uns stießen einen viel leiseren Schrei nach Aufmerksamkeit aus, verstummten, versuchten zu gefallen, gaben sich Mühe, bloß alles richtig zu machen und niemandem zur Last zu fallen. Oft blieb der gewünschte Erfolg dieser Taktiken aus und wir erfuhren das Gegenteil. Die einen wurden für ihr lautes Verhalten gemaßregelt, die anderen wurden aufgrund ihres stillen Wesens übersehen. Irgendwann haben wir aufgehört, nach Zuwendung, Zuspruch und Liebe zu fragen. Wir haben die ungestillte Sehnsüchte mitsamt den schmerzhaften Zurückweisungen verdrängt. Wir haben diese Teile unseres inneren Kindes weggeschlossen in unserem Unterbewusstsein, wo es zu dem Glaubenssatz *Ich genüge nicht* heranwuchs. Doch wir bekamen trotz aller Anstrengung nicht, was wir brauchten. Unser Bedürfnis blieb unerfüllt.

So sucht dieses verletzte innere Kind auch heute noch nach der Erfüllung seiner Bedürfnisse. Solange diese aber nicht erfüllt werden, werden wir auch als Erwachsene immer wieder den zerstörerischen Gedanken *Ich genüge nicht* haben. Denn wir sehen unsere heutige Welt immer noch durch die Brille des damaligen Kindes. Negative Prägungen haben nämlich die Eigenart, stärker nachzuwirken als positive – leider funktioniert unser Gehirn so, wie du im Kapitel über die Gegenwart erfahren wirst –, und so fühlen wir noch heute oft Verunsicherung, Hemmungen und Traurigkeit, obwohl im Jetzt doch *eigentlich* alles gut ist. Aber eben nur eigentlich. So können neue Situationen unsere alten Wunden wieder schmerzen lassen. Gerade wenn wir unser inneres Kind noch nicht geheilt haben, bleiben wir sehr empfänglich für Erlebnisse im Alltag, die unsere alten Ängste und Narben zu bestätigen scheinen. Du kennst das sicher auch, wenn du in einer ganz alltäglichen Situation bist – und auf einmal ist es wieder da, das Gefühl von Trauer, großer Unsicherheit, Unzulänglichkeit oder Einsamkeit. Alles Gefühle, die uns scheinbar aus dem Nichts heimsuchen und unsere Welt regelmäßig ins Wanken bringen. Dann ist es egal, wie viel Liebe unser Partner uns schenkt, wir fühlen uns trotzdem ungeliebt. Dann ist es völlig irrelevant, was wir leisten und wie viel Zuspruch wir von Freunden und Kolleginnen bekommen. Und dann bringt uns auch die größte Freiheit im Außen nichts – in unseren Augen sind wir einfach nicht genug. Erinnerst du dich, wie schlecht ich mich vor der Traumkulisse auf meiner Weltreise fühlte? Genau so.

Denn in Wahrheit ist der Glaubenssatz *Ich genüge nicht* nichts anderes als unser verletztes inneres Kind, das laut gegen die Tür unseres Unterbewusstseins hämmert. Es tut auch heute noch das Gleiche wie damals vor vielen, vielen Jahren. Es versucht, mit allen ihm zur Verfügung stehenden Mitteln zu bekommen, was es so sehr braucht: Zuwendung, Rückhalt, Liebe und Bestätigung. Es fordert all das lautstark ein, in Form von intensiven Gefühlen, damit es endlich gehört und wahrgenommen wird. Es hämmert und hämmert.

Unsere Schutzstrategien: Von Steppenwölfen und Narzissten

Da wir diese Gefühle der fehlenden Zuwendung und Liebe allerdings sehr fürchten, versuchen wir tunlichst zu vermeiden, sie spüren zu müssen. Wir suchen nach Strategien, die uns dabei helfen sollen, dem Schmerz des verletzten inneren Kindes nicht ausgeliefert zu sein und es vor weiteren Enttäuschungen zu schützen. Dafür haben wir uns im Laufe der Zeit sehr raffinierte Schutzstrategien zugelegt. An diesen Strategien ist zuerst einmal nichts Grundlegendes falsch: Wir haben sie entwickelt, um in der Welt, die sich uns gezeigt hat, zu überleben. Doch viele dieser Strategien sind heute nicht mehr notwendig und erfüllen ihren ursprünglichen Zweck, uns zu helfen, schon lange nicht mehr. Daher lass uns schauen, welche Strategien wir uns angeeignet haben – und wie wir uns von ihnen befreien können.

Beim Lesen der nächsten Zeilen hör aufmerksam in dich hinein. Welche dieser Strategien erkennst du in dir selbst?

Kontaktvermeidung

Die Steppenwölfe unter uns, wie ich sie liebevoll nenne, vielleicht, weil ich selbst oft einer von ihnen bin, haben sich an einem gewissen Punkt in ihrem Leben ganz bewusst für die Einsamkeit entschieden. Sie vermeiden jede Form des emotionalen Kontakts zu anderen, ja sogar zu sich selbst. Aber Wölfe sind in Wahrheit Rudeltiere, so wie wir Menschen auch, und so kommt die Einsamkeit nicht allein, sondern immer in Gesellschaft der Trauer.

Perfektion

Für die Perfektionisten unter uns ist nichts, was sie tun, jemals *gut genug*. Sie sind nie zufrieden mit sich. Ihre Devise ist: *Fehler machen mich angreifbar und deshalb darf ich mir keine leisten.* Perfektionisten sind immer auf der Hut, kein Schritt wird unbedacht gewagt. So führen sie ein Leben unter konstanter Anspannung.

Überanpassung

Die Überangepassten unter uns unterdrücken die eigenen Bedürfnisse, um es anderen recht zu machen und keine Angriffsfläche zu bieten. Mit grenzenloser Aufopferung versuchen sie, jeglicher Form von Ablehnung prophylaktisch entgegenzuwirken. Dieses Harmoniestreben äußert sich oft in einem ausgeprägten Helfersyndrom – ein sehr anstrengender Lebensstil, bei dem wir selbst immer das Gefühl haben, zu kurz zu kommen, und uns dabei weiter vorenthalten, was uns bereits als Kind verwehrt wurde: das Stillen unserer eigenen Bedürfnisse.

Machtstreben

Die Machtmenschen unter uns versuchen sich zu schützen, indem sie sich in eine übermächtige Position begeben. Manche sind sehr streitlustig und beharren immer auf ihrem Recht, andere wiederum demonstrieren ihre Macht, indem sie sich jeglicher Diskussion oder Konfrontation schlichtweg entziehen.

Vermeidung

Die Vermeider unter uns flüchten vor dem, was sie nicht fühlen wollen. Diese Flucht kann in Form aller möglichen kleinen Ablenkungsmanöver stattfinden, so wie tagelanges Serienschauen. Im Extremfall kann Vermeidung in die unterschiedlichsten Formen der Sucht führen: Alkohol-, Drogen-, Spiel- und sogar die oft unterschätzte Arbeitssucht.

Narzissmus

Die Narzissten sind die verletzten Kinder unter uns, die sich ein ideales zweites Selbst zum Schutz zugelegt haben. Sie verstecken sich in ihrer charismatischen und zugleich egozentrischen Hülle, die niemand durchbrechen darf. Narzissten in ihrer extremsten Ausprägung sind stark auf sich selbst bezogene Personen, was sich sowohl in rücksichtslosem und überheblichem Verhalten als auch in mangelndem Empathievermögen gegenüber anderen äußern kann. Enge zwischenmenschliche Beziehungen sind im Leben eines Narzissten fast unmöglich.

———————

Welche Schutzstrategien du dir auch immer zugelegt hast, du wirst mir vielleicht zustimmen, wenn ich sage, dass sie heute oft nur noch ein schlechter Kompromiss sind. Nach all den Jahren, in denen wir mit ihnen leben, spüren wir in klaren Momenten, wie anstrengend und kräftezehrend sie sind. Manche ermüden uns sogar so sehr, dass wir körperlich krank werden, andere sind der direkte Weg in ein selbstzerstörerisches Verhalten. Wieder andere lassen uns vereinsamen. Der Preis, den wir zahlen, um unsere Gefühle nicht zu spüren, ist einfach zu hoch!

Die gute Nachricht ist: Wir müssen diesen Preis nicht länger zahlen.

———————

Wir können unser inneres Kind an die Hand nehmen und endlich unsere tiefen Bedürfnisse achten und erfüllen, wie unter anderem die Psychologin und Bestsellerautorin Stefanie Stahl in ihrem Buch *Das Kind in dir muss Heimat finden* eindrucksvoll belegt. Hierfür müssen wir uns zuallererst erlauben, ehrlich zu sein, und zwar ehrlich zu uns selbst. Das tun wir, indem wir uns eingestehen, dass es die Momente der Einsamkeit, der Angst, der Zurückweisung, der Verunsicherung, der Haltlosigkeit und des Schmerzes wirklich gegeben hat – und dass sie sehr bedeutsam für uns waren und es auch bis heute noch sind.

Und ja, das erfordert Mut und Ehrlichkeit. Es kann wehtun. Und doch ist es unverzichtbar, wenn wir weiter in eine Zukunft ohne *Ich genüge nicht* reisen wollen.

Und eins noch: Du musst absolut kein schlechtes Gewissen haben, wenn du sagst, dass es dir in deiner Kindheit an etwas gemangelt hat oder dich jemand verletzt hat. Indem du dir das eingestehst, machst du deine Eltern oder andere Menschen nicht verantwortlich. Vielmehr übernimmst du so die Verantwortung für deine eigenen Gefühle und somit auch für dein Leben.

Ehrlich zu sagen, wie du dich in diesen Momenten als Kind gefühlt hast, hat nichts mit Schuld oder Schuldzuweisung zu tun. Es ist keine Wertung des Verhaltens der anderen, sondern vielmehr das Anerkennen und Wertschätzen deiner Gefühlswelt. Wir wollen niemanden auf die Anklagebank setzen. Im Gegenteil, wir wollen uns befreien. Uns alle.

Lass uns jetzt gemeinsam in unsere Kindheit schauen. Es wird uns heilen. Ich gehe auch vor, trotz meiner Angst. Denn bitte glaub mir: Diese Zeilen zu schreiben, ist für mich nicht einfach.

Die kleine Sarah

Für mich war meine Kindheit die normalste der Welt. Ich hatte viele Freunde, materiell mangelte es mir an nichts und ich tat die Dinge, die Kinder in meinem Alter damals so taten. Ich spielte Gummitwist mit meinen Freundinnen, übte in meinem Kinderzimmer den Moonwalk und so oft wie möglich lief ich zum Kiosk, um mir von meinem Taschengeld eine gemischte Tüte Süßes oder ein Wassereis zu kaufen. Als unbeschwertes oder leichtfüßiges Kind würde ich mich trotzdem nicht bezeichnen. Ziemlich früh fing ich an, mir Gedanken zu machen, wie andere Menschen mich wahrnahmen. Ich sah mich durch ihre Augen und es war mir immer sehr wichtig, dass ihnen auch gefiel, was sie sahen. Ich hatte verstanden, unterschiedliche Situationen und Menschen zu scannen, einzuordnen und mich entsprechend zu verhalten. Ich war wie ein Kaleidoskop, dessen kleine bunte Steinchen in den unterschiedlichsten Farben und Formen immer wieder neue Muster bilden. Der Unterschied war jedoch, dass das Bild des Kaleidoskops per

Zufall entsteht – ich hingegen wusste genau, welches Bild von mir ich wem zeigen wollte. Meine Schutzstrategie war also ganz klar eine Form der Überanpassung. Ich hatte früh gelernt, dass diese Überanpassung der sicherste Weg war, um zu bekommen, was ich mir am meisten wünschte: Zugehörigkeit. Ich wechselte meine Farben, um mich sicher in den unterschiedlichen Welten meiner Kindheitserfahrungen zu bewegen, aber wirklich zu Hause fühlte ich mich leider in keiner.

Bis zu meinem dritten Lebensjahr lebte ich mit meiner Mutter, meinem Daddy und meinem drei Jahre älteren Bruder in einer kleinen Wohnung in Mülheim an der Ruhr. An diese Zeit habe ich nur noch wenige Erinnerungen. Die ersten Bilder, die mir noch heute bewusst sind, formen sich ab dem Jahr 1983. Sie zeigen das Haus meiner Großeltern inmitten einer ruhigen Wohnsiedlung in einer typisch deutschen Vorstadt des Ruhrpotts. Dort teilte ich mir anfangs gemeinsam mit meinem Bruder ein Zimmer. Das Zimmer meiner Mutter lag neben dem unseren.

Daddy war so gut wie nie bei meinen Großeltern, er wohnte weiterhin in Mülheim an der Ruhr. Die Wochenenden verbrachten wir aber meistens bei ihm, manchmal gemeinsam mit unserer Mutter und manchmal allein. Die Beziehung meiner Eltern habe ich nie angezweifelt, für mich war sie normal – so, wie sie war. Ich genoss die Wochenenden bei Daddy sehr. Auch wenn es in seiner Wohnung in der Stadt kein Kinderzimmer gab, fühlte ich mich dort wohl. Ich brauchte keinen Rückzugsort, denn ich spürte, dass ich mich ungeniert ausbreiten konnte, anders als im Haus meiner Großeltern. Bei ihnen war ich Gast. Gäste versuchen, nicht zur Last zu fallen und nicht zu stören, wenn die *Tagesschau* läuft. Sie wollen keine Umstände machen. Sie räumen ihre Sachen weg und lassen nichts herumliegen. Sie passen sich an – ja, sie machen sich unsichtbar.

Doch es gab eine Ausnahme: mein Kinderzimmer, das Eckzimmer im ersten Stock mit dem Blick auf die Straße. Das war mein Reich, hier fühlte ich mich wirklich zu Hause, geborgen, sicher. Ich liebte es, wenn die Sonne am Nachmittag durchs Fenster schien und ich den kleinen Staubkörnern zusehen konnte, wie sie im Lichtstrahl tanzten. Manchmal legte ich mich auf den Teppich und wärmte mich in den Sonnenstrahlen. Auch im Winter, wenn es schon früh dunkel wurde, legte ich mich im Nachthemd auf den Boden und wartete, bis ich anfing zu frösteln und eine Gänsehaut bekam, nur um dann schnell ins Bett zu springen und mich mit meiner Decke zuzudecken. Ich liebte das Gefühl von Wärme und Geborgenheit, das sich langsam in mir ausbreitete. Meine Mutter erzählt noch heute, dass ich schon als kleines Kind immer freiwillig ins Bett ging: „Ich geh schlafen" – ein Satz, den man von Kindern recht selten hört. Ich weiß nicht, ob mein Sohn diesen Satz überhaupt jemals gesagt hat.

Bei Daddy zu Hause konnte sich Laini – das war sein südafrikanischer Spitzname für mich, der übersetzt so viel wie *sanft und weich* bedeutet – uneingeschränkt ausbreiten. Ich saß auf dem Holzboden im Wohnzimmer und schaute den ganzen Tag Fernsehserien – *Das A-Team*, *Ein Colt für alle Fälle* oder *Hart aber herzlich*. Dazu gab es allerlei indisches Essen: Beans und Roti, Curry Kitchari und Chicken Masala. Für mich war das damals ein Paradies. Daddy verbrachte die meiste Zeit in der Küche und ich genoss es, es mir im Wohnzimmer mit meinem Essen vor dem Fernseher bequem zu machen. Aus der Küche strömten die köstlichsten Gerüche zu mir, vermischt mit dem Stimmengewirr und den unterschiedlichsten Dialekten der vielen Gäste. All das kannte ich nicht aus dem Haus meiner Großeltern, aber es fühlte sich sehr vertraut an.

Erstaunlicherweise kann ich mich kaum noch an weitere Details aus dieser Zeit erinnern, in der es für mich wie selbstverständlich war, mich zwischen diesen beiden so unterschiedlichen Welten zu bewegen. Denn ich bekam ziemlich früh zu spüren und konnte in meiner eigenen Familie beobachten, dass Menschen Angst vor dem haben, was sie nicht kennen. Dass sie unsichtbare, aber trotzdem unüberwindbare Gräben ziehen. Ich spürte das Misstrauen meiner Oma – jeden Sonntagabend, wenn ich von Daddy zurückkam. Es interessierte sie nicht, was ich am Wochenende erlebt hatte, sondern nur, dass ich mich schnell wieder einfand in dem Haus meiner Großeltern, an dem Esstisch, auf dem das Abendbrot bereitstand. An dem Tisch, an dem die Sitzplätze fest zugeordnet waren. Mein Opa am Kopf, meine Oma rechts von ihm, daneben mein Bruder und links meine Mutter und ich. Meine Oma machte keinen Hehl daraus, dass sie die Welt, in der ich mich noch vor einer Stunde bewegt hatte, ablehnte. Manchmal geschah dies in Form einer unausgesprochenen, aber deutlich spürbaren Abneigung. Andere Male auch ähnlich wie in dieser Situation, an die ich mich noch so deutlich erinnern kann, als wäre sie erst gestern passiert:

Es war wieder einer dieser Sonntagabende und wir alle saßen am Esstisch. Wie immer gab es zum Abendessen Tee, Brot, Aufstrich, Tomaten und ein paar Radieschen. Mir kam es unnötig vor, zum Essen das Besteck präzise zu halten, wenn ich doch eben noch bei Daddy mit den Händen gegessen hatte, das Fladenbrot als Dreieck zwischen Daumen, Zeige- und Mittelfinger gefaltet, um damit die köstlichen Speisen wie den gelben Reis und die Sugar Beans aufzunehmen. Wer braucht schon Messer und Gabel, um eine Tomate zu essen? Ich kann mich noch gut an die Antwort meiner Großmutter zu diesem Gedanken erinnern: „Wer mit den Händen isst, dessen Platz ist unter dem Tisch."

Auch wenn ich an diesem Abend auf dem Platz am Tisch links von meiner Mutter sitzen blieb, fühlte ich mich doch unter den Tisch verwiesen. Isoliert.

Das sollte nicht das letzte Mal sein. Immer wieder, wenn mein Bruder und ich sonntagabends nach Hause kamen, betonte meine Oma, wie schrecklich wir nach Knoblauch rochen. Undenkbar wäre es gewesen, die indischen Köstlichkeiten mit in unser großelterliches Zuhause zu nehmen, um sie dort aufzuwärmen. Meine

Oma duldete diesen „Gestank", wie sie sagte, nicht in ihrer Küche. Jedes Mal fühlte ich, dass auch ein Teil von mir selbst dadurch zurückgewiesen wurde.

Trotzdem wurde das Haus meiner Großeltern über die Zeit mein Zuhause. Hier stand mein eigenes Bett, bei meinem Vater nur das Klappsofa. Hier war mein Spielzeug in den bunten Kisten und von hier aus machte ich mich auf den Weg in den Kindergarten und später in die Schule. Keinen anderen Menschen sah ich in meiner Kindheit so oft wie meine Oma. Sie war diejenige, deren Meinung im Haus zählte, und ich wollte so gerne ihre Anerkennung. Die Anerkennung dieser starken Frau und angesehenen Ärztin. Denn ihr Zuspruch entschied, ob ich in Harmonie lebte. Und viel wichtiger noch: Nur das, was ihren Zuspruch erntete, trug fortan in unserem Haus das Prädikat *wertvoll*. Als Mensch, der verschiedene Kontinente in sich vereint, war es schwierig, dieses Prädikat jemals zur Gänze von einer Frau zu erhalten, die im Nationalsozialismus aufgewachsen war. Das spürte ich schon damals. Eine Gewissheit, die auf so viele Arten und Weisen schmerzte. Mein Bedürfnis nach Anerkennung konnte nicht gestillt werden, egal, wie sehr ich mich bemühte. Und wahrscheinlich auch egal, wie sehr sie es versuchte. Ihre eigenen Prägungen hielten auch sie gefangen.

Ich habe natürlich nicht nur diese Art von Kindheitserinnerungen an meine Großmutter. Sie war auch der Mensch, der mir in meiner Kindheit Stabilität gab. Auf meine Oma konnte ich mich immer verlassen. Wenn ich Probleme in der Schule hatte, lernte sie mit mir, als ich schiefe Zähne bekam, fuhr sie mich zum Kieferorthopäden. Ihr habe ich es zu verdanken, dass es mir als Kind materiell nie an etwas fehlte. Jeden Morgen begrüßte sie mich am gedeckten Frühstückstisch und jeden Abend saß sie an dem Platz gegenüber von mir. Sie war meine Konstante. Mein Vater war in jeder Hinsicht das Gegenteil meiner Großmutter. Er konnte jederzeit unangekündigt über Nacht für mehrere Wochen, Monate, ja sogar Jahre verschwinden. Er war eigentlich nie am selben Platz. Daran gewöhnte ich mich schnell. Ein Polizist sagte einmal zu meiner Mutter: „Ihr Mann ist wie Harrison Ford in diesem Film, immer auf der Flucht."

Ja, das war er – der Mann, der auf der Flucht war, vor Leuten, mit denen seine Geschäfte nicht gut liefen, vor der Polizei und vor sich selbst. Der Mann, der als Geschäftsmann immer auf den großen Coup hoffte. Der Mann, der aus einer streng muslimischen Familie stammte und dessen Lebenstraum es war, einmal nach Mekka zu pilgern. Der Mann, der nie streng zu uns Kindern war. Der Mann, der nie ein schlechtes Wort über meine Mutter verlor und sie nie über ihn. Der Mann, der in einer nächtlichen Flucht seine Heimat Südafrika verlassen musste, weil er sich im African National Congress gegen das Apartheidsregime aufgelehnt hatte. Der Mann, der mir heute ein Pony versprach und mich am nächsten Tag fragte, ob ich ihm zehn Mark leihen konnte. Der Mann, der von Gläubigern zusammengeschlagen wurde und mit gebrochenen Rippen auf seinem Sofa saß. Der Mann, der Stunden über Stunden am Herd stand, um Freunden und Familie die köstlichsten indischen Speisen zu servieren. Der Mann, der immer ein offenes Ohr und ein herzliches Lachen für jeden hatte und dessen Wohnung trotzdem vom SEK gestürmt wurde. Der Mann, den alle Kinder aus der Nachbarschaft liebten und ihn mit einem lautstarken Daddy begrüßten. Der Mann, der immer jemand anderes sein wollte, als er war, um uns dann endlich die Welt zu Füßen legen zu können. Dabei brauchten wir doch nur sein Lachen, sein großes Herz und sein Curry, das man mit den Händen essen durfte. Mein Vater war auch der Mann, von dessen Tod ich erst eine Woche später erfuhr, weil er unter falschem Namen und mit gefälschtem Pass starb. Er hatte es nicht mehr geschafft, nach Mekka zu pilgern.

Die Welt meiner Großeltern war es also, die mir Stabilität gab, die aber gleichzeitig einen Teil von mir nicht annehmen konnte. Die Welt meines Vaters, in der ich mich so wohlfühlte, konnte mir wiederum keinen Halt geben. Das war schon als Kind für mich nicht zu übersehen. Ich lebte also in beiden Welten, doch in keiner so ganz.

Meine Mutter, die ich sehr liebe, arbeitete viel. Mir kam es vor, als arbeite sie Tag und Nacht. Morgens, wenn ich wach wurde, war sie schon längst aus dem Haus. Abends, wenn ich mich ins Bett legte, kam sie erschöpft heim. Meine Mutter, diese wunderschöne Frau mit smaragdgrünen Augen, schneeweißer Haut und rotem Haar. So wie ich war auch sie nur Gast. Nichts anderes im Haus als ihr kleines Zimmer wies darauf hin, dass auch sie hier wohnte. Nur in ihrem eigenen Reich erkannte man eindeutig ihre Spuren. Hier stapelten sich die Bücher, französische Literatur, Lyrik und Belletristik. Egal, wie müde sie auch war, es verging kein Abend, an dem sie uns Kindern nicht noch vorlas. Meistens schlief sie selbst dabei ein. Ich erinnere mich, wie ich ihr dann das aufgeschlagene Buch aus den Händen und die Brille von den zugefallenen Augen nahm und das Licht ausknipste. Kunst und Literatur, das war ihre Welt. Eine Welt voller Poesie. Eine Welt, in der eine junge angehende Ärztin eines Abends einen Mann trifft, von dem sie glaubte, er wäre ihr von Gott geschickt worden, und das, obwohl sie kein bisschen religiös war.

Ja, meine Mutter behielt sich ihre Tiefe und ihren Schöngeist in ihrem ermüdenden Alltag. Auch wenn es nur ein paar Minuten am Tag waren, sie ließ es sich nicht nehmen, noch kurz einzutauchen in die Briefwechsel von Hermann Hesse und Thomas Mann oder in die Bildbände von Paul Klee und Edward Hopper – um am nächsten Morgen wieder um fünf Uhr aufzustehen und zur Arbeit zu fahren. 30 Jahre stand meine Mutter jeden Morgen um fünf Uhr auf, fuhr zur Arbeit und kam abends um 20 Uhr zurück, aß im Esszimmer auf ihrem Platz und legte sich in das Bett in ihrem kleinen Zimmer. Heute ist sie umgezogen. In das größere Zimmer mit dem Blick in den Garten.

Es tat mir weh zu sehen, was für ein Leben meine Mutter führte. Ich spürte den Druck, der auf ihr lastete, und ihre Erschöpfung. Heute sagt sie, dass sie am meisten bereue, so wenig gelächelt zu haben. Immer wieder betont sie, wie schön es ist, dass ich meinen Sohn so viel anlächle und ihm zeige, dass er willkommen ist.

Ja, wahrscheinlich hat sie recht, auch sie konnte damals mein Bedürfnis nach Anerkennung nicht stillen. Nicht, weil sie mich nicht liebte – im Gegenteil, ich verdanke meiner Mutter alles –, sondern weil sie einfach zu erschöpft war.

———————

Mich zu erinnern, meine eigene Geschichte anzuschauen, mit all den schönen, leichten Momenten, aber auch den schweren, das war mein erster Schritt auf meiner Reise Richtung Freiheit. Das war die Befreiung meines inneren Kindes, der Weg der kleinen Sarah raus aus dem Dunkeln und hinein in die Sonne. Heute darf ich meine Geschichte nicht nur anschauen, sondern auch teilen. Mit dir. Dir meine Geschichte zu erzählen, trotz aller Zweifel und des Gefühls, jedes zweite Wort relativieren zu wollen, damit es kein falsches Licht auf meine Familie oder mich wirft, ist ein weiterer großer Schritt in die Freiheit. Dieses Geschenk möchte ich auch dir machen. Meine Geschichte ist gleichzeitig eine Einladung an dich, auch deine anzuschauen, dich mit ihr zu verbinden und dein inneres Kind aus dem Keller deines Unterbewusstseins ans Tageslicht zu holen, damit es nicht mehr länger rebellieren muss. Jetzt bist du an der Reihe. Nur zu. Du kannst das!

———————

ÜBUNG

Lerne dein inneres Kind kennen

Nimm dir für diese Übung ein paar ruhige Momente Zeit. Du kannst deine Augen schließen und einige Male ruhig durchatmen. Spürst du den Boden unter deinen Füßen?

Begib dich nun in Gedanken in deine Kindheit. Wo hast du damals gelebt? Wie sah dein Zuhause aus? Hattest du ein Kinderzimmer? An welche Gegenstände aus deinem Zimmer oder deinem Zuhause erinnerst du dich? Wie hast du deine Eltern wahrgenommen? Gab es andere Menschen, mit denen du zusammengelebt oder viel Zeit verbracht hast? Wie sah ein üblicher Tag in deiner Kindheit aus? Hatte deine Kindheit einen bestimmten Geruch? Hatte sie einen bestimmten Geschmack? Was waren deine Lieblingsorte? Begib dich auf eine Zeitreise. Lass dir ausreichend Zeit, in deine Kindheit abzutauchen. In die schönen und leichten Momente, aber auch in die, die herausfordernd waren. Du kannst dir für diese Übung auch Fotos oder Gegenstände aus deinen Kindertagen als Erinnerungsstütze zu Hilfe nehmen.

Wenn du bereit bist, nimm dir nun einen Moment Zeit und beantworte die folgenden Fragen. Schreib deine Antworten am besten auf.

Welche deiner psychologischen Grundbedürfnisse konnten nicht gestillt werden?

☐ Bedürfnis nach Bindung   ☐ Bedürfnis nach Lustbefriedigung
☐ Bedürfnis nach Autonomie   ☐ Bedürfnis nach Anerkennung

Wann hast du das gemerkt? Schreib zwei oder mehr Situationen aus deiner Kindheit auf.

_____

_____

_____

Wie hast du dich in diesen Situationen gefühlt?

_____

Welche negativen Glaubenssätze sind aus deinen ungestillten Bedürfnissen entstanden?

_____

_____

_____

Zur Erinnerung: _Ich genüge nicht_ ist zwar der Ursprung, die Mutter aller negativen Glaubenssätze, aber sie tritt in zahlreichen Variationen auf, sie hat zahlreiche Nachkömmlinge. Ich nannte zu Beginn dieses Buchs bereits einige: _Ich kann das nicht. Ich darf das nicht. Ich gehöre nicht dazu. Ich bin nicht schön genug, nicht smart genug, nicht erfahren genug._ Weitere können zum Beispiel sein: _Ich muss mich ganz besonders anstrengen._ Oder: _Ich habe es nicht verdient, glücklich zu sein._

Überleg nun für einen Moment, welche der zuvor besprochenen Schutzstrategien du dir aufgrund deiner negativen Glaubenssätze angeeignet hast. Bist du ein Vermeider, ein Steppenwolf oder etwas anderes? Nutzt du eine Kombination aus verschiedenen Strategien? Welche Verhaltensweisen resultieren daraus? Nutzt du sie auch heute noch, um dich vor dem Schmerz von damals zu bewahren?

Wenn du magst, wirf hierfür einen Blick auf deine letzten Wochen. Deine Schutzstrategien sind ein fester Bestandteil deines Handelns, du wendest sie fast so selbstverständlich an wie das morgendliche Zähneputzen. Welche Strategien hast du in der letzten Zeit verwendet?

_____

_____

_____

_____

Beispiele:

Kontaktvermeidung: Ich gehe nicht ans Telefon und antworte nicht auf SMS, wenn es einen Konflikt gibt.

Perfektion: Ich strenge mich noch mehr an, gönne mir keine Pause und mache Überstunden, wenn ich Angst habe zu versagen.

Überanpassung: Ich beuge mich der Meinung anderer, wenn es Meinungsverschiedenheiten gibt.

Machtstreben: Ich gehe in den Angriffsmodus, sobald ich mich infrage gestellt fühle. Andere Meinungen lasse ich nicht zu.

Vermeidung: Ich lenke mich mit Netflix ab, wenn ich mich schlecht fühle.

Narzissmus: Ich involviere mich nicht und lasse alles an mir abperlen, um Gefühlschaos zu vermeiden.

Nun sieh dir alles an, was du notiert hast, lies es dir ruhig auch noch einmal laut vor, wenn du magst. Führ dir all das, was du als Kind erfahren hast und was du aus diesen Erfahrungen und Verletzungen heraus noch heute über dich denkst, für einen Moment ganz klar vor Augen. Wirf hierfür nochmals einen Blick auf deine negativen Glaubenssätze, die du aufgeschrieben hast. Mach dir bewusst, dass sie ein Teil deines inneren Kindes, deiner Vergangenheit sind. Sieh dir auch noch einmal deine Schutzstrategien und Verhaltensweisen an.

Hast du einen letzten Satz, eine offene Frage, eine Erkenntnis gewonnen? Schreib sie abschließend auf.

Wenn du möchtest, klapp nun das Buch kurz zu und iss zum Beispiel ein Eis oder trink einen Tee, atme tief durch oder hör deinen Lieblingssong. Sei gut zu dir selbst.

REBEL

In einer Welt, die dir jeden Tag ins Gesicht schreit,

was du tun und wer du sein sollst,

ist es wichtiger denn je, dich zu erinnern.

An die Liebe. Deine Liebe. Für dich.

Wende dich deinem inneren Kind zu

Jetzt, nachdem du dir deines inneren Kindes bewusst geworden bist und es kennengelernt hast, werde ich dir im Folgenden verschiedene Möglichkeiten zeigen, wie du deinem inneren Kind endlich das geben kannst, wonach es sich so lange gesehnt hat und was ihm so lange verwehrt wurde: dass jemand kommt und sich um seine ungestillten Bedürfnisse kümmert, dass sie gehört, gesehen und angenommen werden. Die gute Nachricht ist, dass dein inneres Kind nicht länger warten muss, denn endlich gibt es diese Person, diese Erwachsene, die ihm geben kann, was ihm bisher verwehrt wurde. Diese Erwachsene bist du! Du kannst dein inneres Kind aus der Position deiner inneren Erwachsenen heraus heilen. Wie? Indem ihr miteinander sprecht. Offen, ehrlich und liebevoll. Ihr führt einen Dialog, in dessen Verlauf du dich als die Erwachsene, die du heute bist, seiner Bedürfnisse annimmst.

Die Unterscheidung zwischen Kindheits-Ich und Erwachsenen-Ich ist ein riesengroßer Schritt in Richtung Freiheit. Du entwickelst eine Aufmerksamkeit für dein inneres Kind und seine Bedürfnisse, aber du lässt es nicht weiter dein Leben bestimmen. Du kümmerst dich um dein inneres Kind, aber übergibst ihm nicht die Führung. Du lässt dein Handeln als Erwachsene nicht mehr länger von deinem inneren Kind leiten. Du hörst auf, dich im Kreis ermüdender Schutzstrategien zu drehen. Du übergibst deinem inneren Kind nicht länger die Verantwortung, das Leben einer Erwachsenen zu regeln. Stattdessen übernimmt dein Erwachsenen-Ich die Verantwortung und die Federführung und lässt dein inneres Kind wieder ein unbeschwertes Kind sein. Nun ist es nicht mehr allein: Es hat jetzt mit dir einen Menschen an seiner Seite, der ihm Mut zuspricht, ihm Aufmerksamkeit, Liebe und Zuspruch schenkt. Wenn du dann auch in deinem Alltag aus der emotionalen Reife der Erwachsenen heraus handelst und navigierst, kannst du deine aktuellen Lebensherausforderungen souveräner und unvoreingenommener meistern.

MEDITATION

Nimm dein inneres Kind in den Arm

(▶ AUDIO)

Such dir einen Ort, an dem du dich wohlfühlst, und schau, dass du möglichst ungestört bist. Setz oder leg dich bequem hin und schließ deine Augen. Komm an bei dir. Bring hierfür deinen Fokus auf deine Atmung. Spür, wie mit jeder Einatmung kühle Luft einströmt und mit jeder Ausatmung erwärmte Luft wieder ausströmt.

Spür, wie sich dein Brustkorb mit jeder Einatmung hebt und mit jeder Ausatmung wieder senkt.

Bleib mit deiner Aufmerksamkeit bei deinem Brustkorb und bei dem, was in deinem Brustkorb liegt, bei deinem Herzen.

Ich lade dich jetzt ein, in Gedanken noch einmal zurück in deine Kindheit zu reisen, zu einem Moment, in dem du dich unsicher, verängstigt, wütend oder ausgeschlossen gefühlt hast. Ein Moment, in dem dein inneres Kind sich allein gefühlt hat. Wo warst du in diesem Moment? In deinem Kinderzimmer? Auf dem Spielplatz? Geh hinein in die Erinnerungen an diesen schmerzhaften Moment deiner Kindheit. Siehst du es? Dein inneres Kind? Geh zu ihm. Vielleicht magst du dich zu ihm setzen? Schau deinem inneren Kind jetzt in die Augen. Was kannst du erkennen in den Kinderaugen? Wut? Trauer? Angst? Einsamkeit? Verzweiflung?

Nimm dein inneres Kind jetzt in den Arm. Halte diesen kleinen Menschen fest. Sag deinem inneren Kind, dass es jetzt nicht mehr allein ist. Sag ihm, dass du jetzt da bist. Sag ihm, dass es genau richtig ist, so, wie es ist. Sag deinem inneren Kind, wie wundervoll und unendlich wertvoll es ist. Sag ihm, dass das, was passiert ist, nicht seine Schuld ist. Dass andere Menschen sich hätten kümmern müssen, aber es einfach nicht besser wussten oder nicht besser konnten, auch wenn sie es vielleicht gerne besser gemacht hätten.

Spür die Verbindung, die hierdurch zwischen euch beiden entsteht. Spür, wie sicher und geliebt dein inneres Kind sich in deinen Armen fühlt. Dann schau ihm noch einmal tief in die Augen. In die Augen, die jetzt voller Zuversicht funkeln. Frag es, ob es noch etwas von dir braucht. Du wirst spüren, was es jetzt von dir braucht. Vielleicht noch eine Umarmung, einen warmen Blick oder ein Lächeln.

Gib ihm zu verstehen, dass es jetzt nicht mehr allein sein wird. Dass du jetzt da bist, um dich zu kümmern. Wenn dein inneres Kind so weit ist, verabschiede dich von ihm, mit dem Versprechen, dass du jederzeit, wenn es dich braucht, zurückkommst.

Sieh, wie dein inneres Kind dich jetzt mit einem Lächeln und einem Winken verabschiedet.

Verweil nun noch ein paar Augenblicke mit diesem Gefühl der Heilung. Genieß das Gefühl von Sicherheit und Geborgenheit und genieß auch die Gewissheit, dass du dir dieses Gefühl jederzeit wieder selbst schenken kannst. Dann nimm nochmals drei tiefe Atemzüge und, wenn du so weit bist, öffne langsam deine Augen.

MANTRA

Schutzstrategien ade

Die folgenden Sätze kannst du wie ein Mantra nutzen, um tief zu verinnerlichen, dass dein inneres Kind jetzt endlich nicht mehr allein ist. Dass du jetzt da bist und dich kümmerst, um dein inneres Kind und seinen Schmerz. Dass es keine Schutzstrategien mehr braucht. Dass du keine Schutzstrategien mehr brauchst. Welche Schutzstrategien auch immer die deinen sein mögen – die Zeit ist gekommen, sie gehen zu lassen.

Wiederhol das Mantra ein paarmal hintereinander. Sprich es entweder leise in deinen Gedanken oder laut als gesprochenes Wort. So, wie es sich für dich richtig anfühlt.

Ich brauche sie nicht mehr, meine Schutzstrategien.

Ich werde mein inneres Kind heilen.

Ich werde ihm das geben, wonach es sich die ganzen Jahre gesehnt hat.

Es ist nun nicht mehr allein.

ÜBUNG

Sprich mit deinem inneren Kind

Die folgende Übung, in der du in den direkten Dialog mit deinem inneren Kind gehst, kann dir dabei helfen, die negativen Glaubenssätze, die es dir immer und immer wieder rezitiert, Stück für Stück aufzulösen.

Atme ein, atme aus. Hol dein inneres Kind zu dir.

Schau ihm in die Augen und hör ihm zu, wenn es seine Zweifel, seine negativen Glaubenssätze formuliert. Lass es aussprechen und nach jedem negativen Glaubenssatz, den es formuliert hat, red ihm gut zu.

Wenn du magst, kannst du dir auch noch mal die negativen Glaubenssätze, die du in der Übung *Lerne dein inneres Kind kennen* notiert hast, hierfür anschauen.

Wenn dein inneres Kind sagt: *Ich schaffe das nicht*, dann sag ihm aus der Perspektive deines Erwachsenen-Ichs: *Nur Mut. Na klar schaffst du das. Wenn es nicht gleich beim ersten Mal klappt, dann beim zweiten oder dritten Mal. Ich glaube ganz fest an dich.*

Wenn dein inneres Kind sagt: *Ich bin es nicht wert*, dann sag du ihm aus der Perspektive deines Erwachsenen-Ichs: *Du bist so wertvoll. Du hast alles Glück dieser Erde verdient.*

Wenn dein inneres Kind sagt: *Keiner mag mich*, dann sag du ihm aus der Perspektive deines Erwachsenen-Ichs: *Ich liebe dich so sehr, und nicht nur ich.*

Wenn dein inneres Kind sagt: *Ich bin blöd*, dann sag du ihm aus der Perspektive deines Erwachsenen-Ichs: *Du bist so großartig und so schlau. Vielleicht funktionieren Dinge manchmal nicht so, wie du dir das gewünscht hast. Das passiert mir und allen anderen Menschen aber genauso. Ärgere dich nicht.*

Wenn dein inneres Kind sagt: *Ich bin hässlich*, dann sag du ihm aus der Perspektive deines Erwachsenen-Ichs: *Schau mal in den Spiegel und sieh, wie wunderschön du bist. Sieh, wie deine Augen leuchten.*

Mit jedem Mal, wenn du in diesen positiven Dialog mit deinem inneren Kind gehst, hilfst du ihm, seine negativen Glaubenssätze zu transformieren, bis es irgendwann von ganz allein positive anstelle negativer Glaubenssätze formuliert und sie verinnerlicht. Beruhig es immer und immer wieder. Und das Wichtigste: Hab Geduld. Es braucht Zeit, all dies zu verinnerlichen. Sei sanft zu dir selbst.

ÜBUNG

Lass dein Erwachsenen-Ich die Verantwortung übernehmen

Wenn du dich in einer stressigen oder belastenden Alltagssituation befindest, kann es vorkommen, dass dein inneres Kind mit seinen Ängsten und Bedürfnissen laut wird und die Führung über dein Verhalten übernimmt. Diese Dynamik betrachten wir im weiteren Verlauf des Buches noch genauer, wenn wir untersuchen, wie sich Prägungen aus der Vergangenheit in dein Erleben der Gegenwart einmischen.

Lass uns jetzt aber schon einmal damit beginnen, uns diesen Vorgang ein wenig näher anzuschauen. Hierfür können wir üben, eine erste Aufmerksamkeit dafür zu entwickeln, wer in konkreten Situationen gerade die Führung übernommen hat: dein inneres Kind oder deine innere Erwachsene? Deine innere Erwachsene ist natürlich nicht perfekt, doch sie ist vielleicht ein wenig erfahrener, etwas sach- und situationsbezogener und sie kann die Verantwortung für ihr Handeln besser tragen. Diese Erwachsene in dir soll dein inneres Kind nicht ersetzen oder zum Schweigen bringen. Ihre Aufgabe ist eher die einer Mentorin, die das Kind beruhigen kann, ihm die Angst nimmt und dann klar und reflektiert handelt.

Eins ist ganz wichtig: Dein Erwachsenen-Ich ist *nicht* dein innerer Richter und Bewerter, der dir sagt, dass du dich zusammenreißen sollst und gefälligst mit dem kindischen Verhalten aufzuhören hast. Es ist vielmehr eine weise, annehmende und beruhigende Stimme. Dein Erwachsenen-Ich erkennst du daran, dass dein inneres Kind sich bei ihm geborgen, beschützt und verstanden fühlt. Versuch, dich daran während der Übung immer wieder zu erinnern.

Leg dir für diese Übung etwas zum Schreiben bereit und geh sie Schritt für Schritt durch. Mach dir keine Sorgen, wenn du nicht auf alle Fragen direkt eine Antwort findest. Wir beginnen ja erst, uns selbst auf diese Weise zu betrachten und zu reflektieren – und manchmal braucht es Zeit, um alte Verhaltensweisen zu erkennen und zu erneuern. Nimm dir diese Zeit. Sollten dir in dieser Übung Fragen begegnen, die dir nicht ganz klar sind, dann versuch, sie einfach so zu beantworten, wie du sie für dich interpretierst. Du kannst wirklich keinen Fehler machen: Jede Art der Selbstreflexion ist ein wertvoller und hilfreicher Schritt. Wenn du so weit bist, lass uns beginnen.

1. Wähl eine vergangene schwierige Situation, zum Beispiel aus deinem beruflichen Kontext, aus deinem sozialen Umfeld oder aus deinem Alltag. Versetz dich in sie hinein und reflektier, wie sie sich entfaltet hat.

2. Beobachte nun zunächst: Hat dein Kindheits-Ich in dieser
   Situation reagiert?

   _____

   _____

3. Wenn ja, wie hat dein Kindheits-Ich reagiert?

   a. Welche negativen Glaubenssätze hat dein Kindheits-Ich formuliert?

   _____

   _____

   b. Wie hat dein Kindheits-Ich die Situation interpretiert?

   _____

   _____

   c. Welches Gefühl kam in dir hoch?

   _____

   d. Welche Schutzstrategie hast du daraufhin angewendet?

   _____

4. Dann werde dir deines Erwachsenen-Ichs bewusst und betrachte die Situation aus seiner Perspektive.

   a. Wie argumentiert dein Erwachsenen-Ich in dieser Situation?

_____

_____

   b. Welche positiven Glaubenssätze kann dein Erwachsenen-Ich formen?

_____

_____

   c. Wie interpretiert dein Erwachsenen-Ich die Situation?

_____

_____

   d. Wie fühlst du dich jetzt und welche Möglichkeiten hast du, abseits von deinen bekannten Schutzstrategien zu reagieren?

_____

_____

Beispiel 1: Aus dem Arbeitsumfeld

Du wurdest mit der Aufgabe betreut, eine Präsentation zu erarbeiten und diese deinen Kollegen in einem Meeting vorzustellen.

Kindheits-Ich
Negative Glaubenssätze: *Ich genüge nicht.* Alles, was ich mache, muss perfekt sein.
Interpretation: Meine Kollegen werden merken, dass ich nicht gut genug für den Job bin, sollte meine Präsentation auch nur eine Schwachstelle haben.
Gefühl: Ich habe Angst vor der Präsentation.
Schutzstrategie: Perfektion. Ich überarbeite meine Präsentation immer und immer wieder. Ich gönne mir keine Pause.

Erwachsenen-Ich
Argumente: Ich bin qualifiziert für meinen Job und verfüge über ausreichend Arbeitserfahrung, um diese Präsentation zu erstellen und vorzutragen.
Positive Glaubenssätze: *Ich genüge.* Ganz egal, ob die Präsentation perfekt wird oder nicht.
Interpretation: Meine Kollegen sind mir wohlgesinnt.
Gefühl: Ich fühle mich sicher.

Beispiel 2: Aus dem sozialen Umfeld

Du erfährst durch Zufall, dass deine Freunde sich letzte Woche zum gemeinsamen Abendessen getroffen haben, dir aber nicht Bescheid gegeben haben.

Kindheits-Ich

Negativer Glaubenssatz: *Ich genüge nicht*. Ich gehöre nicht dazu.

Interpretation: Keiner mag mich. Ich werde extra ausgeschlossen.

Gefühl: Ich bin wütend. Ich habe Angst.

Schutzstrategie: Vermeidung. Ich gehe nicht ans Telefon, wenn sich einer von ihnen meldet.

Erwachsenen-Ich

Argumente: Es gibt so viele Anlässe, zu denen wir uns gemeinsam treffen, vielleicht ging es hierbei um etwas Spezielles. Ich werde einfach nachfragen.

Positive Glaubenssätze: *Ich genüge*. Ich verdiene es, geliebt zu werden, und bin eine gute Freundin.

Interpretation: Meine Freunde schätzen mich.

Gefühl: Ich bleibe entspannt und vertraue in meine Freundschaften.

Beispiel 3: Aus dem Alltag

Auf dem Weg zur Arbeit holst du dir in der Bäckerei einen Kaffee. Mit einem Lächeln gibst du deine Bestellung auf. Dann zögerst du kurz, weil du überlegst, ob du noch ein Croissant möchtest. Nach fünf Sekunden unterbricht dich die Verkäuferin und entgegnet ruppig: „Geht das auch schneller?"

Kindheits-Ich
Negativer Glaubenssatz: *Ich genüge nicht.* Ich falle anderen zur Last.
Interpretation: Ich falle unangenehm auf und behindere die anderen.
Gefühl: Ich schäme mich. Ich bin verunsichert.
Schutzstrategie: Ich entgegne der Verkäuferin nichts, kaufe auch nichts anderes als den Kaffee und verlasse schnell die Bäckerei.

Erwachsenen-Ich
Argumente: Es ist das Natürlichste auf der Welt zu überlegen, ob ich noch etwas kaufen möchte. Wir sprechen von ein paar Momenten und nicht von Stunden. Wahrscheinlich hat die Verkäuferin einen schlechten Tag.
Positive Glaubenssätze: *Ich genüge.* Ich darf Raum einnehmen.
Interpretation: Ich darf Raum einnehmen und mir Zeit nehmen, mein Bedürfnis zu formulieren.
Gefühl: Ich bleibe ruhig, überlege weiter, ob ich jetzt noch ein Croissant haben möchte, und gebe dann entsprechend meine Bestellung auf. Auf die Bäckerin reagiere ich mit Wohlwollen.

Wenn du die schwierigen Situationen des Alltags auf diese Weise betrachtest, wirst du sehen, dass es dir immer schneller und unmittelbarer gelingen kann, dein Erwachsenen-Ich zu befragen und entsprechend zu handeln. Vielleicht fängst du direkt heute mit dem Üben an?

HEALING

Du trägst keine Schuld an deinen Verletzungen,
aber die Verantwortung für ihre Heilung.

Heilen durch Fühlen

Die Prägungen unserer frühen Kindheit sind mitverantwortlich für unser Erleben des Alltags und unser Verhalten im Jetzt. Doch selbstverständlich werden dir immer wieder auch Verletzungen begegnen, die aus deiner Teenagerzeit oder deinem Erwachsenenalter stammen. Auch diese Verletzungen haben wir oft verdrängt und sie dadurch zu unbewussten Einflüssen auf uns werden lassen. Sie klopfen genauso wie die verletzten Anteile unseres inneren Kindes in Form von starken Gefühlen bei uns an – und zwar umso stärker, je mehr wir versuchen, sie nicht zu beachten.

Es ist wichtig, dass du alle deine Gefühle anerkennst und sie nicht wegdrückst oder kleinredest. Das, was du fühlst, hat einen Ursprung und daher erst einmal auch eine Berechtigung. Vielleicht minimierst du deine Gefühle mit Gedanken wie *Anderen geht es viel schlechter*. Vielleicht sagst du dir selbst, dass du dich bloß nicht so anstellen sollst. Aber du kannst deinen Schmerz nicht wegrationalisieren und – noch viel wichtiger – du musst und solltest es auch nicht. Verletzungen, Kränkungen und Schmerz sind nicht erst *wahr* oder *berechtigt*, wenn sie einen bestimmten Punkt auf einer Skala erreicht haben. Jeder von uns hat sein eigenes Maß an Leid, dem er ausgesetzt ist.

Doch obwohl unsere Gefühle wahr sind, bedeutet das nicht, dass alle Rückschlüsse, die wir aus diesen Gefühlen ziehen, ebenfalls wahr sind. Um mal ein paar ganz alltägliche Beispiele zu nennen: Dein Partner hat einen Witz, den du als verletzend empfunden hast, vielleicht nicht so gemeint. Und nicht jede Autofahrt endet in einem Unfall, auch wenn du selbst einen erlebt hast. Auch ertrinkt nicht jedes Kind im Fluss, obwohl du als Fünfjährige fast untergegangen wärst. Um uns nicht in den falschen Rückschlüssen zu verstricken, die durch unsere Gefühle ausgelöst werden, müssen wir Verantwortung übernehmen. Verantwortung dafür, was wir fühlen und wie wir damit umgehen – ganz gleich, wodurch unsere Gefühle letztlich ausgelöst wurden. Vielleicht denkst du, dass das ungerecht ist. Du denkst: *Was soll das? Mir wurde wehgetan und jetzt soll es auch noch meine Verantwortung sein?*

Betrachte es doch einmal so: Wenn wir keine Verantwortung für unsere Gefühle übernehmen, sondern eine passive Haltung haben, geben wir alle Macht darüber, wie es uns geht, ab. Unsere Emotionen werden dann zu einer überdimensionalen Welle, die wir nicht steuern können und die unsere Welt in regelmäßig wiederkehrenden Abständen überflutet. Wir ertrinken dann fast in unseren eigenen negativen Emotionen, nur, weil sie sich aufgestaut haben und wir nicht in der Verantwortung stehen wollen, sie loszulassen. Meist brauchen wir dann ein paar Tage, bis wir wieder funktionieren – nur, um dann unsere Emotionen wieder zu vermeiden, bis die nächste Flutwelle über uns hereinbricht. Doch du kannst diesen Kreislauf unterbrechen. Du hast nämlich die Gabe, dein Meer der Emotionen zu beruhigen. Du kannst das Meer bändigen! In dem Moment, in dem du den Schmerz, die Trauer, die Wut und die Angst als das anerkennst, was sie sind, nämlich deine Schöpfungen, werden sie sich beruhigen.

Was du dafür tun musst, ist, deine Emotionen fließen zu lassen. Emotionen wollen wörtlich übersetzt *in motion*, also in Bewegung, sein. Hierfür müssen wir sie spüren und ihre natürliche Energie geschehen lassen. Manchmal müssen wir auch festgefrorene Emotionen abtauen und wieder in Bewegung setzen. Wenn wir unsere Emotionen fließen lassen, werden sie sich nicht mehr so leicht aufstauen, es werden keine Staudämme überflutet, sodass sie schließlich brechen, und es wird uns keine Flutwelle überschwemmen. Unsere Emotionen sind dann nichts mehr, wovor wir Angst haben, nichts mehr, was wir verdrängen, von dem wir uns ablenken müssen. Dann brauchen wir keine Schutzstrategien mehr. Denn es gibt nichts mehr, das wir schützen oder vor dem wir uns beschützen müssen. In diesem Moment können wir aufhören zu kämpfen. Wäre das nicht ein wundervoller Moment?

OWN IT

Zu sich selbst zu finden, ist kein glamouröser Prozess.

Er passiert in den dunklen Tiefen und

nicht an der glänzenden Oberfläche.

Ehrlichkeit ist hierbei am wichtigsten.

Verstecke nichts, vor allem nicht vor dir selbst.

Und niemals, wirklich niemals schäme dich für etwas,

das du fühlst.

MEDITATION

Furchtloses Herz

(▶ AUDIO)

Ich möchte gemeinsam mit dir jetzt an den Mittelpunkt deines emotionalen Meeres reisen: zu deinem Herzen. Setz dich für diese Meditation gerne an einen Platz, an dem du dich wohlfühlst, und schau, dass du in den nächsten 30 Minuten möglichst ungestört sein kannst.

Setz dich bequem in einen Meditationssitz oder auf einen Stuhl – mit den Füßen gut geerdet am Boden. Egal, für welche Art des Sitzens du dich entscheidest, achte darauf, dass du gut aufgerichtet in der Wirbelsäule bist. Dann zieh deine Schultern zu den Ohren und roll sie nach hinten und dann nach unten. Genieß die Öffnung, die dadurch in deinem Brustkorb entsteht, und spür, wie du allein durch diese kleine Geste dein Herz der Welt ein bisschen mehr öffnest. Kannst du es spüren? Verweil einen kurzen Moment bei diesem offenen Herzen. Leg nun deine Hände entspannt auf deinen Oberschenkeln ab und schließ deine Augen. Komm an, hier bei dir, in deinem Sitz und in deinem Herzen.

Beginn nun, ganz bewusste und tiefe Atemzüge zu nehmen. Tief einatmen und ausatmen. Spür, wie dein Brustkorb sich mit jeder Einatmung weitet. Wir alle tragen einen Panzer um unser Herz. Einen Panzer aus hohen Mauern, die wir um es herum hochziehen. Mauern der Angst vor dem, was unser Herz berühren könnte, oder vor dem, was wir in unserem Herzen finden könnten. Dies sind Mauern, die uns schützen sollen. Dabei tun sie das nicht, denn sie trennen dich von deinem Herzen. Sie trennen dich von deiner Liebe, deiner Kraft, deinem Selbst. Kannst du spüren, was das bedeutet? Atme jetzt bewusst in dein Herz ein und aus ihm heraus aus. Verbinde dich über die Atmung mit ihm. Nimm Kontakt auf. Zart, freundlich, bewusst. Wenn du magst, leg hierfür gerne eine Hand auf dein Herz. Fühl, wie dein Herz mit jeder Einatmung ein Stück aufgeht. Spür, wie es aufgeht und die Mauern, die es umschließen, sprengt. Stück für Stück. Spür, wie du mit jeder erneuten Einatmung noch tiefer und freier in dein Herz atmen kannst, bis die Mauern verschwunden sind und nichts mehr zwischen dir und deinem Herzen steht.

Jetzt, wo du in direkter Verbindung mit deinem Herzen stehst, bleib bei ihm. Mit all dem, was es gerade in sich trägt. Und egal, was du dort findest – es ist richtig.

Hör deinem Herzen zu. Lass es sprechen. Es wird jetzt anfangen, Gefühle freizusetzen, die es schon lange in sich trägt. Wie fühlt sich dein Herz gerade? Welches Gefühl braucht deine Aufmerksamkeit? Hör einfach nur zu. Du musst nicht darüber nachdenken, welches der Gefühle jetzt wichtiger ist oder welches du zuerst wahrnehmen sollst. Lass es einfach nur fließen. Dein Atmen hilft dir dabei. Einatmen und Ausatmen. Vielleicht wird dein Atmen sich verändern. Vielleicht ist da ein Ort der Verletzlichkeit, der schon lange auf einen Besuch von dir wartet? Vielleicht ist da eine tiefe Trauer, die endlich angeschaut werden will? Vielleicht ist da Scham oder eine unendlich große Wut? Vielleicht spürst du, wie Tränen deine Augen füllen. Vielleicht wollen ein paar leise Tränen fließen – dann lass sie fließen. Eventuell ist es aber auch ein lautes Schluchzen, das aus dir herausbricht, oder ein Ozean der Tränen, der aus deinen Augen fließt. Vielleicht will da etwas rausgeschrien werden – dann schrei. Vielleicht sitzt du aber auch einfach nur still da mit dir selbst. Was immer jetzt gerade passiert, es ist richtig. Bewerte es nicht. Lass es einfach passieren. Nimm diese Erfahrung an. Nimm sie an als das, was sie ist. Begegne deinen Emotionen mit Liebe. Begegne dir mit Liebe. Gib dir selbst, was wir alle brauchen: gehalten zu werden, geliebt zu werden. Nimm die Energie deiner bedingungslosen Liebe wahr. Nimm die Energie deiner angstfreien Liebe wahr. Nimm die Präsenz deines furchtlosen Herzens wahr. Dein furchtloses Herz begegnet jedem deiner Gefühle mit Liebe. Dein furchtloses Herz durchflutet jedes deiner Gefühle mit Liebe. Dein furchtloses Herz verwandelt jedes deiner Gefühle in Liebe. Spür, wie dein ganzer Körper von Liebe durchflutet wird. Wie die Liebe von deinem Herzen in deinen Bauch, deine Beine, deine Arme und deinen Kopf strömt. Du bist diese Liebe. Du bist bedingungslose Liebe.

Für ein paar Augenblicke, oder so lange, wie du möchtest, bleib noch mit deinem furchtlosen Herzen sitzen.

Wenn du so weit bist, finde einen schönen Abschluss und nimm nochmals drei tiefe Atemzüge. Wenn es sich für dich richtig anfühlt, bring deine Hände in Gebetshaltung vor dein Herz und bedank dich bei dem, was du in dieser Meditation gefunden hast, bei deinem Mut, bei deinem furchtlosen Herzen. Wenn du so weit bist, öffne langsam deine Augen.

MANTRA

Ich bin da für mich

Deine Verbindung zu deinem furchtlosen Herzen muss nicht enden, wenn du nach der Meditation wieder aufstehst und dir einen Kaffee kochst. Du kannst dich auch im Alltag immer wieder deinem Herzen zuwenden. Red mit ihm! Ja, ich meine das ernst! Sprich mit deinem Herzen! Wir sind es gewohnt, in unserem Kopf ständig mit uns selbst zu reden, du weißt also, wie es funktioniert. Du kannst das: mit deinem Herzen reden! Und wenn es dir doch mal schwerfällt, Kontakt mit deinem Herzen aufzunehmen, in Zeiten, in denen du dich vielleicht selbst nicht leiden kannst oder in denen die Dinge einfach nicht so zu laufen scheinen, wie du es dir gewünscht hast, dann sag dir gerne folgende Mantras immer und immer wieder. Mir hat es schon oft geholfen, wieder in Kontakt mit mir zu kommen, mit meinem Innersten. Und mich so anzunehmen, wie ich bin, mit allem, was in mir ist. Vielleicht hilft es auch dir.

Dies ist ein schwieriger Moment.

Es ist okay.

Er darf da sein.

Ich werde mich um mich kümmern.

Ich werde sanft und freundlich zu mir selbst sein.

Kehre also immer wieder zu deinem Herzen zurück. Es braucht dich. Du wirst merken, wie sehr dir diese Unterhaltung gefehlt hat. Du kehrst zurück zu einem alten, fast vergessenen Freund. Es gibt so viel zu erzählen. Es gibt so viel zu hören. Du wirst merken: Wenn du dich immer und immer wieder bewusst auf dein Herz konzentrierst, ihm zuhörst, sanft mit ihm sprichst und es sanft behandelst, dann wirst du Schritt für Schritt nachsichtiger und liebevoller mit dir selbst umgehen. Schließlich wirst du merken, dass du auch mit anderen Menschen sanfter umgehen kannst, sogar mit denen, die dich verletzt haben. Und das ist ein entscheidender weiterer Schritt in Richtung Freiheit.

Heilen durch Vergeben

Solange wir andere Personen dafür verantwortlich machen, wie wir uns fühlen, geben wir all unsere Macht an sie ab. Solange wir im Schatten der Vergangenheit leben, solange wir uns einreden, dass wir heute nicht glücklich sein können, weil uns damals jemand Unrecht getan hat – genauso lange geben wir auch unsere Chance auf Heilung auf. Wenn wir uns stattdessen aber bewusst den Personen zuwenden, die uns vermeintlich Unrecht getan haben, und lernen, ihnen zu vergeben, dann holen wir uns unsere Macht zurück.

Oft haben wir aber ein Problem damit zu vergeben, weil wir denken, dass wir dadurch unsere eigenen Bedürfnisse und Werte verraten müssten oder sogar das schadhafte Handeln des anderen dadurch legitimieren.

Dabei ist wahres Vergeben keines von beidem. Wahres Vergeben bedeutet, aus dem Schmerz der Vergangenheit keine chronische Krankheit werden zu lassen.

Vergeben können wir am besten dann, wenn wir aufhören, einander feste Rollen zuzuschreiben. Die andere als Täterin, wir als Opfer. Der andere im Unrecht, wir im Recht. Vergeben beginnt stattdessen, wenn wir erkennen, dass wir alle miteinander verbunden sind. Verbunden durch unser gemeinsames Schicksal, unser gemeinsames Menschsein und auch unser gemeinsames Leid.

Wenn wir einander eingestehen, dass jeder von uns Angst hat und Schmerz spürt, dass wir uns alle nach Liebe und Anerkennung sehnen und dass wir alle Anteile alter Verletzungen in uns tragen, dann können wir heilen. Wir können vergeben, wenn wir Mitgefühl entwickeln.

Dass wir alle miteinander verbunden sind, ist so einfach und klar, dass wir es kaum glauben können. Noch bevor wir diese Erde betreten, sind wir durch die Nabelschnur mit unserer Mutter verbunden. Wird eine von uns beiden krank, wird auch die andere krank.

Auf dieselbe Weise sind wir auch mit der Erde verbunden. Die Nährstoffe des Bodens werden zu unserem Brot. Die Sturmwolken werden zu unserem Trinkwasser. Der Sauerstoff der Bäume wird zur Luft, die wir atmen. Die ganze Welt findet sich in unserem Körper wieder. Das ist keine Metapher, das ist Chemie. Je bewusster uns ist, dass wir alle ein Teil dieses Kreislaufs sind, desto mehr natürliches Mitgefühl entsteht in uns.

RECOGNIZE

Vieles wird leichter,

wenn wir anerkennen,

dass wir alle sensible Wesen sind.

Das Erwachen unseres Mitgefühls

Vor einigen Jahren nahm ich an einem Retreat teil, in dem ich genau diese Verbundenheit erleben durfte. Es war das Erwachen meines Mitgefühls. Ich hatte schon so lange so viel Positives über diese einwöchige Erfahrung namens *Path of Love* gehört, und trotzdem entschloss ich mich erst nach vielen Jahren, mich anzumelden. Vielleicht kennst du das auch? Wir finden immer Gründe, warum es gerade nicht passt. Als alleinerziehende Mama war es für mich unvorstellbar, für eine Woche einfach weg zu sein.

Später war es dann das Argument, dass ich kein Geld dafür hatte. Und als ich dann auf der Karriereleiter ganz oben angekommen war, hatte ich zwar Geld, aber meinte, keine Zeit zu haben. Heute ist das nicht mehr vorstellbar für mich, aber ich habe damals wirklich geglaubt, ich könne es mir nicht leisten, mein Handy für eine Woche auszuschalten und nicht erreichbar zu sein. Noch nicht einmal in einem offiziell eingereichten Urlaub. Doch irgendwann kommen die Dinge so, wie sie kommen sollen, und dann war es endlich so weit: Ich stieg in den Flieger nach Wales. Damals konnte ich noch nicht ahnen, wie sehr die kommenden sieben Tage mein Leben verändern würden. Berlin ist 1.429 Kilometer von Wales entfernt. Ein Katzensprung verglichen zu den Abertausenden Kilometern, die ich in dieser Woche in Richtung Freiheit zurücklegen sollte.

Ich weiß noch ganz genau, wie ich damals auf dem Flughafen in Wales landete, um dann mit dem Auto durch eine atemberaubende Naturkulisse in Richtung des Retreat-Ortes zu fahren. Auf dem Weg durch die tiefgrünen Hügel wurde mir plötzlich bewusst, dass ich diese wunderschöne Insel nicht zum ersten Mal besuchte, sondern als Kind schon einmal hier gewesen war, zusammen mit meinem Bruder und meiner Mutter. Komisch, als meine Entscheidung auf Wales als Retreat-Ort gefallen war, hatte ich nicht daran gedacht, dass ich bereits eine Verbindung zu dieser Insel hatte. Vielleicht ein Zufall, vielleicht aber auch nicht. Ich hatte keine Zeit, mir weitere Gedanken darüber zu machen, denn als ich aus dem Tagtraum der Erinnerung wieder in die Welt hinaussah, fuhr ich bereits bei meinem neuen Zuhause für die nächsten Tage vor, einem wunderschönen, ein wenig in die Jahre gekommenen Schloss.

Beeindruckt von der Kulisse aus weitläufigen Wiesen, uralten Bäumen und einer durchweg filmreifen Umgebung ging ich durch die große, majestätische Eingangstür, um mich als Teilnehmerin zu registrieren. So viele neue Gesichter. Da waren auf einmal über 50 weitere Teilnehmer, zahlreiche Therapeutinnen und Dutzende freiwillige Helfer, die *Angels* genannt wurden. Diese Bezeichnung passte zur traumhaften Kulisse, doch noch vielmehr zur Aufgabe und Arbeit dieser Menschen, die es war, uns Teilnehmer in allen Belangen zu stützen, zu halten und zu begleiten. Unter all diesen Menschen konnte man mich und die anderen Teilnehmer an den fragenden und suchenden Blicken klar erkennen. So wurde mir alles erklärt, ich checkte ein und teilte mir ein Zimmer mit zwei anderen Frauen. Eine der beiden war gerade aus Brasilien angereist, die andere aus Israel. Noch weitere Wege als ich waren sie gekommen. Jede von uns mit ihrer ganz eigenen Geschichte, mit vielen Jahren Lebenszeit, die jetzt in diesem Moment zusammenfanden. Schicksal, Zufall, egal. Beim Abendessen im Speisesaal mit seinen großen runden Tischen stellten wir uns einander sporadisch vor – das übliche „Woher kommst du?", „Wie war deine Anreise?". Keiner von uns konnte ahnen, dass wir uns den Small Talk hätten sparen können. Nach den folgenden sieben Tagen sollten wir einander besser kennen, als wir es je gedacht hätten.

Mit dem Aufstehen am nächsten Morgen um fünf Uhr trat unser Schweigegelübde in Kraft. Während der folgenden sieben Tage wurde nicht gesprochen, weder in den Pausen noch während der Meditationen noch auf den Zimmern oder beim Essen. Die Ausnahme waren die Zeiten, die wir gemeinsam in sogenannten „Sharings" verbrachten, für die wir in kleine Gruppen eingeteilt wurden und in denen jeder von uns täglich den Raum hatte, seine Geschichte und seine Gefühle mit den anderen zu teilen.

Am ersten Tag waren es Fremde, vor denen ich meine Geschichte teilte – am Ende dieser magischen sieben Tage war jeder von ihnen mir so vertraut, als würde ich ihn bereits mein Leben lang kennen. Auf den Stühlen saßen keine Fremden mehr, sondern pochende Herzen, umschlossen von menschlichen Körpern. Wir hatten uns erlaubt, das offenzulegen, was uns alle verbindet: unsere Sehnsucht und unser Herz. Wir hatten uns gegenseitig ermutigt, dieses Herz nicht mehr länger leise zu drehen, sondern es laut schlagen zu lassen. Wir waren eine Gruppe von Menschen, deren Herkunft, Alter, soziales Milieu, Beruf und Geschichte nicht unterschiedlicher hätten sein können: die israelische Biologin, die norwegische Zahnarzthelferin, der holländische Aussteiger, die britische Großmutter, der südafrikanische Familienvater und Eigentümer eines Milliardenkonzerns, der spanische Politiker, die griechische Hausfrau, die bulgarische Malerin ... und ich.

Ich durfte erkennen, dass wir alle tief unter der Oberfläche unserer Titel, Herkunftsländer und Gehaltsschecks die gleichen Ängste und Zweifel teilten und dass wir alle uns nur eine Sache wünschten: geliebt zu werden als der Mensch, der wir waren. Das Wunderschöne an den Sharings war, dass wir einander zuhörten, ohne Zensur. Vorab hatten wir alle die Vereinbarung getroffen, dass keine Details oder Namen das Retreat verlassen durften. Diese Vereinbarung hatte so viel Vertrauen geschaffen, dass sich jeder innerhalb dieser kurzen Zeit wirklich öffnen konnte. Ich habe Dinge erzählt, die ich so vorher noch nie geteilt hatte. Ängste, Scham, Wut, Verletzlichkeit, alles habe ich offengelegt und mit jedem Sharing konnte ich die Mauern um mein Herz ein Stück weiter abtragen, bis ich es in meinen Händen hielt, für jeden sichtbar. So offen, so verletzlich, so stark und wunderschön: mein Herz. So wie mir ging es allen von uns. Gemeinsam.

NO SHAME

Stell dir vor, wir würden uns nicht mehr verstecken.

Keiner von uns.

Die Kraft des Mitgefühls

In diesem alten Schloss, umgeben von noch älteren Wäldern, mitten unter gleich fühlenden Menschen und mit beiden Füßen fest auf einem zentimeterdicken Teppich, habe ich zum ersten Mal erfahren, was wahres Mitgefühl ist. Abseits der Theorie. Ich habe gesehen, wie zwei Männer, die ineinander so viel Schmerz und Wut triggerten, dass sechs ausgewachsene Angels einschreiten mussten, um eine Schlägerei unter ihnen zu verhindern, sich nach wenigen Tagen weinend in den Armen lagen. Männer, die die schmerzhaften Erfahrungen ihrer Jugend in gegensätzlichen Rollen teilten: der eine der Schulhofchef, der seine Unsicherheit und Verwundbarkeit hinter einer Fassade von Arroganz versteckte, der andere das Mobbingopfer, dessen Sensibilität ihn zum Prügelknaben seiner Mitschüler gemacht hatte. Hier saßen zwei Männer, die füreinander das verkörperten, was sie ein Leben lang verachtet und gefürchtet hatten, und die nun ihre Gemeinsamkeit, das, was sie teilten, erkannten: den tiefen Schmerz des verwundeten Kindes und den daraus gewachsenen tiefen Wunsch nach Akzeptanz und Zugehörigkeit. Hinter den schützenden Mauern unseres Retreat-Ortes ließen sie den anderen hinter ihre inneren Mauern blicken und fanden dort beide das Gleiche. Ein verletztes Herz, das sich so sehr wünschte, geheilt zu werden. Momente später fühlte ich mit der Frau, die von ihrem Mann betrogen wurde und ihren Schmerz nicht gehen lassen konnte. Ich sah ihren Zorn, ihre Scham und ihre Wut – und die große Wunde in ihrem Herzen. Diese Frau begegnete in den Sharings einem Mann, der seine Frau betrogen hatte, und sah aus nächster Nähe seinen Schmerz, seine Einsamkeit, die große Last seiner Schuld und seine Verzweiflung über die große Leere in ihm, die er versuchte, mit seinen Affären zu füllen. Sie sah, dass er sich nichts mehr wünschte, als geliebt zu werden. Sie sah seine tiefe Trauer darüber, dass er diese Liebe nicht in sich finden konnte. Sie konnte sehen, dass auch er Opfer und nicht nur Täter war. Sie erkannte ihre Gemeinsamkeiten. So verstand sie zum ersten Mal auch den Schmerz ihres Mannes und konnte mit ihm mitfühlen. Ihr

Mitgefühl für ihren Mann kam von demselben Ort wie die Entscheidung, sich von seinem für sie schädlichen Verhalten abzuwenden und sich zu trennen. Sie konnte Frieden schließen.

In diesem Moment lernte ich, dass Mitgefühl keine Selbstaufopferung oder devote Haltung ist. Im Gegenteil. Mitgefühl bedeutet, dass wir unser eigenes Wohlbefinden stets im Blick haben. Mitgefühl kann wachsen, wenn beide Seiten der Waage im Gleichgewicht stehen. Im Mitgefühl gibt es ein klares Ja – zu Verbundenheit, Verständnis und Vergebung. Es gibt aber auch ein klares Nein. Beide entstehen aus derselben Klarheit. Da ist ein Nein zu Missbrauch, Unterdrückung, Rassismus und Gewalt. Dieses Nein kommt nicht aus einem Gefühl des Hasses, sondern aus einer unerschütterlichen Fürsorge. *Das scharfe Schwert des Mitgefühls* – dieser Begriff aus dem Buddhismus spricht Bände. Dieses scharfe Schwert ist das Nein eines Menschen, der destruktive Familienverhältnisse hinter sich lässt. Das Nein der Ehefrau, die ihren untreuen Ehemann verlässt. Das Nein von mir, als ich von zu Hause auszog, um meine eigene Persönlichkeit zu entwickeln. Das Nein des Mitgefühls bringt uns immer zurück ins Leben, zurück in die Klarheit, zurück zum erwachten Herz. Dieser Begriff, *erwachtes Herz*, entspringt ebenfalls dem Buddhismus. Dort wird Mitgefühl *Bodhichitta* genannt, was *erwachtes Herz* und *erwachter Geist* bedeutet. Ich habe die Erfahrungen der Verbundenheit, die ich damals machen durfte, nie mehr vergessen. Sie waren das Erwachen meines eigenen Herzens. Das Erwachen meines wahren Mitgefühls. Heute kann ich dieses wahre Mitgefühl auch für die Menschen empfinden, mit denen ich schmerzhafte Erinnerungen verbinde und deren Handeln mich verunsichert hat. Ich kann nachvollziehen, von welchem Ort ihr Verhalten mir gegenüber kam. Das heißt nicht, dass ich verletzendes Verhalten gutheißen werde oder dass diese Erfahrungen nicht schmerzhaft für mich waren. Aber ich weiß heute, dass ihr Handeln aus ihrem eigenen Schmerz und ihrer eigenen Verunsicherung heraus geboren wurde. Ich kann dir gar nicht sagen, was für ein großes Geschenk das für mich ist. Ich bin kein Opfer mehr.

COMPASSION

Verletzte Menschen verletzen Menschen,

und keiner will's gewesen sein.

Bis sich einer traut zu sagen:

Ich war's. Verletzter und Verletzer.

Dann kann Heilung passieren.

Wie Wunder geschehen

In den nur sieben Tagen in Wales richteten wir unseren Blick nicht auf unsere Andersartigkeit und Unterschiede, sondern auf unsere Gemeinsamkeiten. Wir erkannten unsere gemeinsamen Schwierigkeiten. Statt einander zu verletzen und zu verurteilen, haben wir uns an die Hand genommen und sind Seite an Seite durch unsere Ängste gegangen. In nur sieben Tagen. Seitdem glaube ich, dass Wunder keine Dinge sind, die in Märchen passieren. Ich glaube, Wunder nennen wir aus Mangel an Worten das, was geschieht, wenn wir erkennen, wer wir wirklich sind. Wunder sind unsere wahre Natur – und daher sind sie unvermeidbar.

Eines dieser Wunder ist die Vergebung. Zu vergeben ist keine Entscheidung, die wir einmal treffen und dann läuft's. Nein, vergeben und mitfühlen, das müssen wir erlernen. Die gute Nachricht ist, dass es nicht schwer ist. Wie so oft im Leben gilt: Übung macht den Meister! Und obwohl ich es dir von Herzen empfehlen kann, musst du dafür noch nicht einmal nach Wales reisen. In unserem Alltag finden sich zahlreiche kleine und große Situationen, in denen wir verzeihen üben können. In denen wir nicht nur *sagen: „Ist schon okay",* sondern es auch *fühlen.* Situationen, in denen wir den Ärger und die Wut nicht mehr mit uns herumschleppen, sondern wirklich loslassen können. Je leichter die Last, desto leichter die Reise. Lass uns also gemeinsam etwas von unserem schweren Ballast abwerfen!

MEDITATION

Vergib und lass los, was du nicht mehr brauchst

(▶ AUDIO)

Such dir einen Platz, an dem du dich wohlfühlst, und schau, dass du in den nächsten Minuten möglichst ungestört bist. Nimm einen bequemen Sitz ein, entweder im Schneidersitz, gerne erhöht auf einem Meditationskissen oder auf einer gefalteten Decke, oder auf einem Stuhl, mit den Beinen gut geerdet am Boden. Egal, für welchen Sitz du dich entscheidest, achte darauf, dass deine Wirbelsäule gut aufgerichtet ist. Zieh deine Schultern zu den Ohren und roll sie über hinten nach unten. Genieß die Öffnung, die hierdurch in deinem Brustkorb entsteht. Wir wollen uns in der Meditation der Welt nicht verschließen, sondern ihr mit einem offenen und würdevollen Herzen begegnen. Leg deine Hände auf den Oberschenkeln ab und schließ deine Augen. Komm in deinem Meditationssitz an. Bring hierfür deinen Fokus auf deine Atmung. Spür, wie mit jeder Einatmung kühle Luft einströmt und mit jeder Ausatmung erwärmte Luft wieder ausströmt. Einfach nur einatmen und ausatmen.

Ich lade dich ein, dich an einen Moment in deinem Leben zu erinnern, an dem du von jemandem verletzt wurdest. Einen Moment, der wehgetan hat. Während du sanft mit dir selbst bist und in deinem eigenen Tempo und deiner eigenen Intensität übst, hol dir die Erinnerung an diesen Moment näher zu dir. Wo warst du? Begib dich an den Ort dieser Verletzung. Geh noch ein Stück tiefer, wenn es für dich sanft und Sorge tragend möglich ist, hinein in die Erinnerung an diese schmerzhafte Erfahrung. Schau dich um und erlaub dir, den Schmerz von damals zu spüren. Diese Verletzung, diese Trauer, die dich seit diesem Moment von damals begleitet. Was ist damals passiert? Erinner dich. Sei mutig. Erlaub dir zu fühlen. Während du in diesem Bild, in diesem Gefühl der damaligen Situation bist, kannst du dir vorstellen, dass du eine Person auf dich zukommen siehst. Es ist der Mensch, der die Verletzung, den Schmerz in dir ausgelöst hat. Hol die Person, die dir wehgetan hat, so nah zu dir, wie es dir möglich ist. Respektier dabei deine Grenze. Du darfst sie ziehen, kommunizieren und halten. Nun schau diesem Menschen in die Augen und spür den Schmerz, die Unsicherheit, die Enttäuschung, die dieser Mensch in dir ausgelöst hat. Nun merkst du, dass du etwas in den Händen hältst. Es ist ein Paket. In ihm befinden sich dein Schmerz, deine Enttäuschung und deine Trauer. Überreich dieses Paket jetzt der Person. Du brauchst es nicht mehr.

Halte den Blickkontakt mit deinem Gegenüber und sag nun der Person, dass auch sie das Paket jetzt abstellen darf. Sag diesem Menschen, dass du jetzt frei bist von dem Schmerz von damals, dass du jetzt loslässt. Sag ihm, dass du ihm verzeihst und dass auch er die schwere Last loslassen darf.

Nun siehst du, wie die Person das Paket abstellt. Schaut euch nochmals tief in die Augen. Jetzt verabschiede dich von der Person und sieh zu, wie sie langsam in der Ferne verschwindet. Bleib noch ein paar Augenblicke in diesem Gefühl von Frieden. Genieß das Gefühl der Befreiung. Nimm drei tiefe Atemzüge. Wenn du magst, bring deine Hände in der Gebetshaltung vor dein Herz. Bedank dich bei dir selbst für diese Meditation und für das, was du in dieser Meditation gefunden hast: ein Stück Freiheit. Wenn du so weit bist, öffne langsam deine Augen.

Wie fühlst du dich jetzt?

Die Verbundenheit im Alltag spüren

Die vorangegangene Meditation kannst du immer dann wiederholen, wenn du merkst, dass du traurig, wütend, enttäuscht oder verzweifelt bist angesichts des Verhaltens eines anderen Menschen. Heilung erwächst aus Vergebung. Vergebung sprießt als Blüte der Verbundenheit. Daher lade ich dich ein, in deinem Alltag immer wieder Verbundenheit zu anderen Menschen zu praktizieren. Mach dir unsere Gemeinsamkeiten bewusst. Erinner dich, wann du Verbundenheit gespürt hast, und such sie im Hier und Jetzt.

———

Lass uns anfangen, Momente der Verbundenheit aktiv zu kreieren! In den Begegnungen, die wir jeden Tag haben. In dem Austausch mit deinen Freundinnen, deiner Familie, mit deinen Kollegen, Bekannten, ja, auch mit Fremden.

———

Schaffe einen offenen Raum, in dem ein ehrliches Aufeinanderzugehen möglich ist. Schaffe einen Raum, in dem mehr Platz für Real Talk und weniger für Small Talk ist. Sprich mit den Menschen in deinem Leben über das, was in dir vorgeht, und lade sie ein, das Gleiche zu tun. Manchmal reicht schon ein kleines Wort. Statt zu fragen: *Wie geht es dir?*, versuch es mal mit *Wie geht es dir wirklich?* und sieh, was passiert. Ja, das erfordert Mut, aber du wirst merken, wie positiv die Reaktionen sind. Vor allem wirst du merken, dass du mit deinen Träumen, mit deinen Zweifeln, mit wirklich allem, was dich beschäftigt, nicht allein bist. Du bist nicht allein auf deiner Reise dorthin, wo die Freiheit liegt, auf deiner Reise zu deinem Herzen, auf deinem Weg nach Hause.

REACH OUT

Mit Luftverschmutzung zu leben erhöht das Risiko
eines frühzeitigen Todes um 5 %,
Alkoholismus um 30 %,
Einsamkeit um 45 %.

MEDITATION

Komm nach Hause

(▶ AUDIO)

Obwohl wir reisen, tragen wir den Ort, zu dem wir gelangen möchten, bereits in uns. Ein Teil davon ist unser erwachtes Herz, das Mitgefühl für uns selbst und andere. Sein Licht weist uns den Weg. Wenn wir ihm folgen, gelangen wir Schritt für Schritt weiter nach innen zu unserem Ziel, zu unserem wahren Zuhause. Mit jedem Fuß, den wir geleitet von den Strahlen unseres erwachten Herzens vor den anderen setzen, verlassen wir die Isolation und finden heim.

Auf dem Weg dorthin sind wir nicht allein, denn wir gehen ihn alle zusammen. Andere Menschen, die Angst, Unverständnis, Wut, Neid und Trauer in uns auslösen, sind genauso mit uns auf dem Weg wie unsere Freunde und Vertrauten. Sie zeigen uns die Anteile in uns auf, die es noch zu sehen, zu integrieren und zu heilen gilt. Sie machen uns Mut und geben uns Halt. Sie alle, wir alle, begleiten einander auf unserem Weg nach Hause. Lass uns diese Erfahrung des gemeinsamen Weges in der kommenden Meditation vertiefen. Sie ist angelehnt an eine der schönsten und kraftvollsten buddhistischen Meditationen, die der Liebenden Güte. Mit ihr erschaffst du einen Raum, in dem es dir weiter möglich ist, dich mit dir selbst und anderen zu verbinden.

Atme einmal tief durch. Spür dein Herz. Wenn du magst, leg eine Hand auf dein Herz. Sprich jetzt die vier Sätze der liebenden Güte für dich, egal ob laut in den Raum oder als Flüstern in deinen Gedanken. Wiederhol jeden Satz so oft, wie es sich richtig anfühlt. Lass jedem Satz Raum und lass ihn wirken.

Möge ich glücklich sein.

Möge ich mich sicher und geborgen fühlen.

Möge ich gesund sein.

Möge ich unbeschwert und mit Leichtigkeit durchs Leben gehen.

Bring nun deinen Fokus für einen kurzen Moment zurück zu deinem Atem. Atme tief durch. Denk an einen Menschen, der dir sehr wichtig ist. Einen Menschen, den du liebst, und sprich für ihn die Sätze der liebenden Güte.

Mögest du glücklich sein.

Mögest du dich sicher und geborgen fühlen.

Mögest du gesund sein.

Mögest du unbeschwert und mit Leichtigkeit durchs Leben gehen.

Atme noch einmal tief ein und aus. Jetzt denk an eine Person, mit der es gerade schwierig ist. Eine Person, mit der es einen Konflikt gibt. Sprich jetzt auch für diese Person die Sätze der liebenden Güte.

Mögest du glücklich sein.

Mögest du dich sicher und geborgen fühlen.

Mögest du gesund sein.

Mögest du unbeschwert und mit Leichtigkeit durchs Leben gehen.

Kannst du die Verbindung spüren, die zwischen euch entsteht? Genieß das Gefühl von allumfassender Liebe, das dein Herz jetzt gerade erfüllt. Spür, wie sie dein Herz befreit. Spür, wie dein Wohlwollen gleichermaßen auf dich und andere scheint. So wie die Sonne, deren Strahlen nicht unterscheiden, auf wen sie scheinen, erlaubt auch dein allumfassendes Wohlwollen jedem auf seine ganz individuelle Weise, glücklich und frei zu sein.

HOME

Woher ich komme? Ehrlich gesagt, so wirklich weiß ich es

nicht. Viele aus meiner Familie – ich kenne sie nicht.

Ihr Leben, ihre Sorgen, ihr Lachen. Ich kann nur erahnen,

welche der sieben Kontinente meine Geschichte erzählen.

Bin ich heimatlos?

Die Antwort, nie war sie so leicht wie heute: nein.

Meine Heimat ist diese Welt. Dieses Universum in mir.

Kraft aus der Vergangenheit schöpfen

Vielleicht kennst du das Sprichwort *Du musst wissen, wo du herkommst, um zu wissen, wo du hingehst*. Ich für meinen Teil kann dir gar nicht genau sagen, wo ich herkomme. Von dem Tag meiner Geburt an habe ich zu der Familie meines Vaters leider kaum eine gelebte Verbindung und mir fehlen viele Anknüpfungspunkte. Ich kenne sie nicht, nicht ihre Geschichten, nicht ihre Kultur und nicht ihre Tradition. Selbst die Geschichte meines eigenen Vaters ist mir zum größten Teil unbekannt. Er hat fast nie über sie gesprochen. Nicht über Indien, nicht über Südafrika, den dortigen Widerstand, die gemeinsame Haftzeit mit Nelson Mandela und auch nicht darüber, warum er eines Nachts seine Heimat verlassen musste.

Trotzdem fühle ich eine innere Verbundenheit zu diesem Teil meiner DNA und habe mir, seit ich denken kann, immer wieder Anknüpfungspunkte in Form von Büchern, Musik und allem voran meinem bunt gemischten Freundeskreis gesucht. Aber eine Lücke bleibt bis heute. Egal, wie viele Referenzpunkte ich mir auch suche, sie können die Erfahrungen eines gelebten Alltags nur ergänzen, nicht ersetzen. Und mein Alltag, wie du ja inzwischen weißt, spielte sich in meiner Kindheit und frühen Jugend vorwiegend im Umfeld meiner deutschen Großeltern ab.

Auch heute finden sich in meinem Leben immer wieder Momente, in denen ich an die Fragezeichen in mir erinnert werde. Manche dieser Fragezeichen sind klein und nebensächlich. Andere wiederum sind kursiv und fett gedruckt, unterstrichen und wie Überschriften abgesetzt. Die Momente, die mir diese Fragezeichen verdeutlichen, bewegen mich sehr. Einer von ihnen ereignete sich an einem verregneten Tag im Februar 2018. Es war der Tag, an dem ich meinen ersten Podcast

aufnahm. Ich hatte alles vorbereitet: den Laptop mit dem Aufnahme- und Schnitt-
programm, meine Notizen, die Musik. Ich wusste ganz genau, worüber ich sprechen wollte und was die Themen der ersten Folgen sein sollten. Auch der Name
des Podcasts stand fest: *The Mindful Sessions*. Als ich mich also vor das Mikrofon
setzte, um endlich aufzunehmen, war ich bestens vorbereitet und so was von bereit. Doch als ich die ersten Begrüßungsworte ins Mikro sprach – „Hey, wie schön,
dass du hier bist, bei den *Mindful Sessions*, deinem Podcast für mehr Achtsamkeit
und Soulpower! Mein Name ist Sarah Desai ..." –, geriet ich ins Stocken. „Mein
Name ist Sarah ..."

Die letzten 38 Jahre meines Lebens hatte ich fast ausschließlich die deutsche Aussprache meines Namens zu hören bekommen – „Deee-sei" – und auch selbst be-
nutzt. Das wurde mir in diesem Moment vor dem Mikrofon, in das ich meinen
Namen sprach, plötzlich bewusst. Doch wie genau sollte ich meinen Nachnamen
denn eigentlich richtig aussprechen? Ich versuchte, mich an die Aussprache meines Daddys zu erinnern, und legte nochmals los: „Hey, wie schön, dass du hier bist,
bei den *Mindful Sessions*, deinem Podcast für mehr Achtsamkeit und Soulpower.
Mein Name ist Sarah ..." Wieder geriet ich ins Stocken. Mein Nachname wurde
plötzlich zu der größten Hürde. Also noch mal. Nach ungefähr 15 Versuchen war es
dann endlich so weit, ich hatte mein Intro, und zwar mit meinem Nachnamen, wie
ich meine, dass er wirklich ausgesprochen wird: Desa-i. Doch das große Fragezeichen bleibt. Ich kann meinen Vater nicht mehr fragen. Auch nach über 80 Podcast-
Folgen stolpere ich manchmal immer noch über meinen eigenen Namen.

Unsere Ahnen

Ich kenne tatsächlich keinen anderen Menschen, dem es mit seinem Namen genauso geht. Und dennoch weiß ich, dass ich damit nicht allein sein kann. Ich weiß,

dass wir alle unsere eigenen kleinen und großen Fragezeichen in unseren Familiengeschichten haben, so bestimmt auch du. Vielleicht stolperst du nicht über deinen Nachnamen, sondern über andere Kapitel deiner Geschichte. Vielleicht ist die Historie deiner Herkunft ein Mysterium oder vielleicht ist sie ein offenes Buch, in dem du viel über dich lesen kannst. Ganz egal, ob und wie vertraut du mit deiner Familiengeschichte bist: Du trägst sie in dir. Jeder von uns entstammt einer Ahnenlinie, deren Charaktereigenschaften, Erfahrungen und Wissen wir nicht nur in Form unserer Traditionen in uns tragen, sondern auch ganz physisch durch unsere Gene.

Auch hier gilt wieder: Das ist nicht nur ein schönes Bild, es ist Biologie. Alles, was wir fühlen und erleben, wird als Information in unserem Körper abgespeichert. Die Erfahrungen, die wir machen, können dabei so prägend sein, dass sie sich dauerhaft in unserem Erbgut festsetzen und somit auch an unsere Kinder und deren Kinder weitergegeben werden können. Dieser Prozess wird in der Wissenschaft dem Bereich der Epigenetik zugeordnet. Bei der Beobachtung von weiblichen Ratten, die einer stark traumatischen Erfahrung ausgesetzt waren, wurde festgestellt, dass die durch das Trauma geprägten Verhaltensweisen der Mutter an ihre Jungen genetisch weitergegeben wurden. Die Wissenschaftler beobachteten bei ihnen dieselben vom Trauma geprägten Verhaltensmuster wie bei der Mutter.

Bei uns Menschen scheinen Traumata auf dieselbe Art vererbt werden zu können. Du trägst also die Geschichte deiner Eltern, deiner Großeltern, deiner Urgroßeltern, deiner Ururgroßeltern und vieler weiterer Generationen in dir. Auch wenn du die Geschichten deiner Vorfahren nicht kennst, was umso wahrscheinlicher ist, je weiter du in deiner Ahnenlinie zurückgehst, begleiten sie dich jeden Tag. Je bewusster uns diese Zusammenhänge sind, desto leichter fällt es uns, unser eigenes Sein und Verhalten besser zu verstehen.

Auf der einen Seite dieses Erbes stehen die traumatischen Erfahrungen unserer Vorfahren, die an uns weitergegeben wurden. Sie äußern sich in unseren Ängsten und einschränkenden Verhaltensmustern, die wir aber auf keinen konkreten Vorfall in unserem Leben zurückführen können. Das macht ihre Auflösung schwierig. Wenn wir aber erkennen dürfen, dass es sich nicht um unsere selbst erfahrenen Ängste und Traumata handelt, sondern um die unserer Ahnen, die wir lediglich weiterleben, dann können wir klarer auf die Dinge blicken und gezielter daran arbeiten, diese Muster aufzulösen.

Auf der anderen Seite unseres Erbes steht die gute Nachricht, dass wir nicht nur die Traumata unserer Vorfahren in uns tragen, sondern auch ihr Wissen, ihre Fähigkeiten und ihre Durchsetzungskraft. Auf diese Weise entwickeln sich Gesellschaften, entstehen Innovationen und auch wir als Individuen entdecken immer wieder ungeahnte Kräfte. So ist auch im Positiven das Band zwischen dir und deinen Ahnen viel stärker, als dir vielleicht bewusst ist. Jeder deiner Vorfahren, wie viele Generationen auch zwischen euch liegen, ist somit dein Verbündeter.

Deine Familie und die in ihr vererbte Weisheit sind viel größer, als du es dir vorstellen kannst. Menschen aus deiner Familie, von denen dich Tausende Jahre trennen, sind durch dieses Band auch heute noch bei dir und unterstützen dich mit ihrem uralten Wissen und den kostbaren Fähigkeiten, die du in dir trägst! Niemand von uns ist allein, jeder von uns wurde genau hierhin geführt von Hunderten und Tausenden von Menschen. Von unseren Ahnen.

In vielen spirituellen Traditionen lehrt man das, was die Epigenetik untersucht und belegt, schon lange. Im Buddhismus treten die Schüler in die sogenannte Übertragungslinie ein, in der alle Meisterinnen, Lehrer und Gurus mit all ihrer Weisheit über sie wachen und die bis zu Buddha selbst zurückgeht – und noch viel weiter. In den verschiedenen Arten des Schamanismus gilt Arbeit mit den eignen Ahnen und ihrem Vermächtnis als absolut essenziell für den eigenen Heilungs- und Entwicklungsprozess. Im Buch meiner ganz eigenen Ahnen habe ich erst zu einem späten Zeitpunkt meines Lebens zu lesen begonnen.

Meine Lehrerin

Es war im März 2011, als ich meine Lehrerin Nizinyanga in einem kleinen, dunklen Zimmer in Wien kennenlernte. Nizinyanga bedeutet *Tochter vieler Heiler* – was in diesem Zusammenhang ohnehin bereits ein schicksalhafter Zufall ist. Sie ist eine Schamanin der Sangoma-Tradition, welche seit über 1.000 Jahren in Südafrika weitergegeben wird. Das menschlich und historisch betrachtet unfassbar traurige Kapitel der Apartheid in Südafrika führte dazu, dass die Schamanen dieses Landes weitgehend abgeschnitten von der westlichen Kultur und ihren Einflüssen existierten. Deshalb konnte ihre Spiritualität in einer Reinheit und in einem so hohen Maße unverfälscht aufrechterhalten und weitergegeben werden wie sonst in kaum einer anderen spirituellen Tradition.

So hatte ich Nizinyanga an diesem Tag also aufgesucht, um zu versuchen, eines oder mehrere der Fragezeichen bezüglich meiner Herkunft aufzulösen. Zu der Zeit dieses ersten Besuches hatte ich zwar bereits eine regelmäßige Meditationspraxis in meinem Leben etabliert, aber die intuitiven Lehren des Schamanismus waren für das rationale Ruhrpottkind in mir noch schwer zu greifen. Kurz gesagt, ich hatte keine Ahnung, was mich erwarten würde, als ich zu dem vereinbarten Treffpunkt fuhr. Neugierig, nervös und mit einer ganzen Portion Skepsis saß ich ihr nun gegenüber. Sie sah mich mit sehr intensiv leuchtenden Augen an und fragte, ob ich ein spezielles Thema hätte, das ich mir gerne anschauen mochte. Ein spezielles Thema? Nein, das hatte ich nicht. Es fühlte sich an, als wären da Tausende Themen, von denen ich aber keines wirklich benennen konnte. Ich wusste nur, dass es mir in meinem Leben regelmäßig den Boden unter den Füßen wegzog. Ich fühlte mich haltlos. Doch das konnte ich damals nicht wirklich aussprechen oder auf den Punkt bringen. Damit keine unangenehme Stille aufkam, plapperte ich einfach drauflos und erzählte von mir. Nizinyanga schaute mich dabei die ganze Zeit mit wachen Augen an. Nach kurzer Zeit unterbrach sie mich mit einem Lächeln und lud mich ein, meine Augen zu schließen. Nun war sie es, die sprach. Sie erzählte mir, was sie sah in den Bildern, die sie von mir empfing. Sie erzählte mir von der Angst meiner Großmutter um ihren Sohn, von meiner Ururgroßmutter, die durch die grünen Felder der Hochebenen Indiens lief mit ihrem Kind auf dem Rücken, von meinem Großvater im Krieg und von seinem Vater.

Zu Beginn fiel es mir sehr schwer, mich auf diese Form der Meditation einzulassen. Die Skeptikerin in mir wurde laut mit Gedanken wie *Ist ja klar, dass sie jetzt solche plakativen eindeutigen Bilder verwendet. Die passen ja zu dem, was ich eben von meiner Familiengeschichte erzählt habe.* Es war fast so, als wolle ich eine Hochstaplerin enttarnen. Und dann auf einmal wurde mein Kopf ganz leise und meine Seele ganz laut. Ich spürte die Verbindung, den Halt, das Erbe. Ich verstand, ohne intellektuell zu verstehen, ich sah, ohne die Augen zu öffnen. Es kam mir vor, als entdeckte ich einen verloren gegangenen Teil meiner selbst, meiner Seele.

Seele ist ein schwieriges Wort. Ich glaube, wenn du zehn Menschen nach seiner Bedeutung fragen würdest, würdest du elf Antworten bekommen. Seele ist für jeden von uns etwas anderes, doch vielleicht können wir uns an diesem Punkt auf die Definition von Voltaire – zumindest als kleinsten gemeinsamen Nenner – einigen: *„Seele nennen wir das, was mit Leben erfüllt. Mehr wissen wir, weil unser Verstand beschränkt ist, leider nicht."*

Für mich ist Seele der Schlüssel zu etwas, das größer ist als wir, das wir aber dennoch in uns selbst finden.

An diesem Tag mit Nizinyanga war das Größere, mit dem meine Seele sich verband, die Geschichte aller Frauen und Männer in der Ahnenlinie vor mir. Je weiter wir in der Meditation die Ahnenlinie zurückgingen, desto unwichtiger war es, ob ich jemals zuvor von den Personen, die mir dort begegneten, gehört hatte oder nicht. Ich fühlte diese kraftvolle Verbundenheit. Alle ihre Geschichten waren auch meine Geschichten. Ihr Schmerz und ihre Vergehen genauso sehr wie ihre Weisheit und ihre Liebe. Der Weg dieser Menschen hatte mir meinen geebnet, mit allen Hürden und Hilfen. Und ganz gleich, ob die Leben meiner Ahnen fruchttragend oder leidvoll waren, egal, wie viele Probleme und Schmerzen sie selbst auszustehen oder wie viel Gutes sie in die Welt gebracht hatten – wie ein Fundament bereiteten sie mir den Boden, wie eine mich stützende Mauer stellten sie sich hinter mich. Ich spürte sie tatsächlich physisch, diese Mauer der Unterstützung, das Gefühl des Gehaltenwerdens. Ja, ich war Teil einer großen Gemeinschaft. Nein, ich war nicht allein.

Bis zu diesem Moment hatte ich noch nie darüber nachgedacht, dass ich einer Linie von Menschen angehörte, die weit über meine Eltern, Großeltern und Urgroßeltern hinausging. Erst jetzt erinnerte ich mich daran, dass meine Familie und ihre Geschichte so viel größer ist als das, was ich bisher kannte. Mit ihr auch das Wissen, die Fähigkeiten und die Stärken, die ich in mir trage. Egal, wohin ich gehe und was ich tue, dieser Rückhalt ist immer bei mir. So, wie dein Rückhalt immer bei dir ist. Niemand von uns ist allein.

CONFIDENCE

Hab Vertrauen in jedes Kapitel deiner Geschichte.

Auch in dieses.

MEDITATION
Du bist nicht allein

(▶ AUDIO)

Nimm deinen Platz ein, sitzend oder liegend, entspann dich, atme. Folge mit deiner Aufmerksamkeit dem Luftstrom an deiner Nasenspitze, in deinen Lungen, in deinem Bauch. In den folgenden Minuten wollen wir zu deiner Ahnenlinie reisen, zu deinem Rückhalt, zu deiner unerschöpflichen Quelle von Weisheit.

Dafür möchte ich dich jetzt einladen, an einen Menschen aus der Familie deines Vaters zu denken. Vielleicht hast du frühe Kindheitserinnerungen an diesen Menschen. Vielleicht habt ihr viel Zeit miteinander verbracht, vielleicht auch nur ein paar schöne Momente. Vielleicht ist dir dieser Mensch aus deiner Familie auch nur in Erzählungen oder auf Fotos begegnet, doch er hat für dich eine gewisse symbolische Bedeutung. Es spielt keine große Rolle, ob du schon einmal die Hand dieser Person gehalten, ihr in die Augen geschaut oder sie in deinen Gedanken besucht hast. Zwischen euch ist eine starke Verbindung. Du spürst diese untrennbare Verbundenheit. Ihr seid aus einer Ahnenlinie. Daher ist es auch genauso gut, wenn du dir eine Person aus deiner väterlichen Linie vorstellen möchtest, deren Leben so viele Generationen zurückliegt, dass die Gedanken an sie nur eine Intuition sind. Du wirst trotzdem spüren, welche Kraft dieser Ahne an dich überträgt.

Bitte nun diesen Menschen, der zu der Familie deines Vaters gehört, zu dir zu kommen. Du kannst sehen, wie er näher auf dich zukommt. Du erkennst die Person erst schemenhaft, dann immer deutlicher, bis er oder sie vor dir steht.

Du schaust dieser Person, deinem Ahnen, jetzt tief in die Augen. Du spürst, dass hier dein Zuhause ist, in diesem Kontakt, in diesem Blick. Du spürst in diesem Moment all das, was euch verbindet. Du spürst die Güte und die Fürsorge dieser Person für dich. Durch sie hindurch fließt all das Wissen und all die Liebe deiner Linie, die dich schon immer begleitet. Spür dieses bedingungslose Vertrauen in die Kraft der Ahnen. Und jetzt bitte diese Person aus der Linie deines Vaters darum, dass sie sich rechts neben dich an deine Seite stellt. Genieß diesen Moment. Spür, wie gut und kraftvoll es sich anfühlt, diesen Verbündeten an deiner Seite zu haben.

Während ihr nebeneinandersteht, denk an einen weiteren Menschen, diesmal aus der Familie deiner Mutter. Es ist ganz egal, ob ihr zwei euch schon jemals begegnet seid. Ihr stammt aus einer Ahnenlinie, die euch verbindet und nährt. Durch diesen Menschen aus der Familie deiner Mutter strömen das ganze Wissen und die ganze Kraft aller eurer Vorfahren.

Bitte diese Person jetzt zu dir. Sieh, wie sie immer näher auf dich zukommt, bis sie vor dir steht. Du schaust dieser Person tief in die Augen und spürst, dass auch hier dein Zuhause ist. Du spürst all das, was euch verbindet. Du spürst die Güte und die Fürsorge, die auch diese Person für dich hat. All ihr Wissen und ihre Liebe, die dich schon immer begleiten. Spür dieses bedingungslose Vertrauen. Hier ist dein Zuhause.

Und jetzt bitte den Ahnen aus der Linie deiner Mutter, sich links neben dich zu stellen. Spür, wie gut und kraftvoll es sich anfühlt, links und rechts von deinen Ahnen begleitet und geschützt zu werden. Das ist deine Familie. Spür die Kraft, die von euch dreien ausgeht, wenn ihr nebeneinandersteht. Genieß die Würde und Tragweite dieser Erfahrung.

Nun wirf einen Blick hinter dich. Dreh dich um. Jetzt siehst du, dass sich hinter dir eine immense Menschenmenge aufgereiht hat. Eine Kette, die so weit zurückreicht, dass ihr Anfang weit hinter dem Horizont liegt. Es ist deine gesamte Ahnenfamilie, mit der du bereits dein Leben lang verbunden bist und immer verbunden sein wirst. Jeder Einzelne deiner Ahnen begleitet dich mit seinem Wissen, seiner Güte, seiner Stärke und seiner Liebe. Und alle diese Dinge vereinst du auch in dir. Jede einzelne Qualität, der gesamte Erfahrungsschatz jeder einzelnen dieser Personen ist immer bei dir. Sie alle sind deine Gemeinschaft, die dir den Rücken stärkt. Genieß dieses kraftvolle Gefühl, deine Ahnen hinter dir stehen zu haben.

Fühl die Kraft, die von diesem Bild, diesem Moment ausgeht. Du in der Mitte, rechts von dir dein Ahne aus der Linie deines Vaters, links von dir dein Ahne aus der Linie deiner Mutter, hinter dir deine gesamte Ahnenfamilie. Mit all ihrem Wissen, all ihrer unbändigen Stärke, ihrer Komplexität und ihrer grenzenlosen Liebe.

Bleib noch ein paar Momente bei diesem kraftvollen Gefühl von Gemeinschaft. Dann nimm drei tiefe Atemzüge und, wenn du magst, bring deine Hände in die Gebetshaltung vor dein Herz. Bedank dich bei deinen Ahnen. Wenn du so weit bist, öffne langsam deine Augen.

Folge deinem inneren Ruf

So, wie du gerade deine Augen nach der Meditation geöffnet hast, öffnete meine erste Begegnung mit Nizinyanga mir die meinen. Sollte es wirklich so sein, dass mir all meine Ahnen uneingeschränkt zur Verfügung standen? Dass sie mir jederzeit Schutz, Kraft und Zugehörigkeit schenken können? Gerade mir, die doch so wenig über ihre eigene Herkunft weiß, dass selbst der eigene Nachname zum Rätsel wird? Ich musste mehr darüber herausfinden. Ich wollte mehr erfahren. Könnte ich vielleicht sogar meinen Ahnen all die Fragen stellen, die ich meinem Vater nie gestellt hatte? Was würden sie antworten?

Wochenlang ließen mich meine Gedanken nicht los. Sogar meine Träume veränderten sich: Es schien, als ob meine Ahnen in ihnen auftauchen würden, um mit mir zu kommunizieren. War das alles nur Zufall? War es ein kleiner Streich, den mein cleveres Unterbewusstsein mir spielte? Schließlich – so sagte wieder mal das rationale Ruhrpottmädchen in mir – ist unser Gehirn darauf programmiert, Erfahrungen zu interpretieren und in Muster einzuordnen. Warum dann nicht auch auf einmal ein aufgewühltes Unterbewusstsein in meinen Träumen quasseln lassen? Schön und gut. Möglich. Und trotzdem musste ich mehr wissen.

Im südafrikanischen Sangoma-Schamanismus sprechen die Lehrerinnen und Lehrer von einem Ruf, den bestimmte Menschen hören und der ihnen sagt, dass sie diesen spirituellen Pfad beschreiten sollen. Es ist wie ein innerer Drang, eine Stimme, ein Bedürfnis. In den Legenden heißt es, dass die Menschen, die diesen Ruf hören, ihm aber nicht folgen, oft krank werden – so lange, bis sie sich auf den Weg machen, um sich selbst und dann auch andere zu heilen. Kommt dir das von irgendwoher bekannt vor? Diesen Ruf zur Reise und Heilung nennen die Sangoma das *Calling*. Für mich persönlich war dieser Begriff schwierig zu greifen, vielleicht ein bisschen zu fremd, vielleicht ein bisschen zu hoch gegriffen. Wer bin ich schon, um mir selbst ein Calling zuzuschreiben? In der Tradition wird dieses Problem dadurch gelöst, dass Menschen, die meinen, diesen Ruf in sich zu hören, eine Lehrerin oder einen Lehrer aufsuchen, um sich diese innere Stimme quasi bestätigen zu lassen – oder eben nicht. Meine innere Stimme sagte mir allerdings, dass diese Frage derzeit nicht sehr relevant war. Ich wollte lernen, erfahren und mich entwickeln. Ob der Stempel *Sangoma* drauf war, wurde für mich vorerst zur Nebensache.

Ich begann einige Monate später meine Ausbildung bei Nizinyanga als Meditationslehrerin und Facilitatorin. Der Hauptbestandteil dieser Ausbildung war es, mich selbst und andere Menschen durch innere Prozesse zu begleiten. Es handelte sich in großen Teilen um Traumaarbeit, Aufbereitung von vergangenen Erfahrungen und dem Anschieben der daraus entstehenden Heilprozesse. Die Zeit, die ich in dieser Ausbildung verbrachte, war für mich und alle anderen teilnehmenden Menschen sehr intensiv. Ich hatte die Erfahrungen des *Path of Love* in Wales noch nicht gemacht. So war es für mich das erste Mal, dass ich mich in eine derart intensive Auseinandersetzung mit meiner eigenen Vergangenheit und den traumatischen Erlebnissen anderer Menschen begab.

In der traditionellen schamanischen Ausbildung, die Nizinyanga ebenfalls anbietet, spielt neben diesen inneren Prozessen auch die Verbindung zur Natur eine große Rolle: Die Schüler übernachten in Höhlen und verbringen viel Zeit draußen, sogar der bedingte Konsum von Fleisch hat eine rituelle Bedeutung. Für mich als Vegetarierin, für die Camping eher eine Strafe als Freude ist – du kannst gerne meinen Sohn und meinen Mann fragen, wie wenig Naturbürschchen ich bin –, bot meine Ausbildung bereits einen riesigen Schatz und Reichtum, den es zu genießen, durchleben und verarbeiten galt. Die Inhalte dieses Studiums bieten bis heute die feste Grundlage meiner Arbeit mit Meditation, inneren Prozessen und Heilung. Für dieses Geschenk der Selbsterfahrung – und der Erfahrung des Schmerzes und der Freude anderer – danke ich Nizinyanga noch heute von ganzem Herzen.

MEDITATION
Gefühle ausdehnen

(▶ AUDIO)

Die Kraft der Ahnen erinnert uns, dass die Vergangenheit nicht nur Verletzung und Schmerz, sondern auch unendlich viele Ressourcen und kraftspendende Quellen der Heilung für uns bereithält.

Die Meditation, mit der ich daher unsere Reise in die Vergangenheit abschließen möchte, nutzt ganz bewusst die Kraft unserer positiven Erinnerungen. Sie füllt uns mit Wärme, Liebe und der Zuversicht darin, dass gute Momente in unserem Leben jederzeit vorhanden sein können – wenn wir lernen, unseren Geist auf sie auszurichten. Die so entstehenden Gefühle können wir ausdehnen. Sie können uns, unsere Umgebung und unsere ganze Welt umspannen.

Diese Meditation entspringt der tibetischen Tradition des *Kum Nye*, einem Yogasystem, das von dem Lama Tarthang Tulku in den Westen gebracht wurde. Der tibetische Buddhismus und vor allem seine alten Strömungen, denen *Kum Nye* entspringt, sind oft geprägt von der Begegnung des indischen Buddhismus mit der schamanischen Tradition Tibets, des Bön. Nizinyanga, die selbst viele Jahre als Schülerin von Bön-Mönchen verbracht hatte, hat mich immer wieder darauf hingewiesen, dass die Grundlagen der verschiedenen Traditionen sehr ähnlich sind.

Ich lade dich also ein, auf diesem Abschnitt unserer Reise mit mir gemeinsam deine positiven Erinnerungen zu erkunden, zu nutzen und auszudehnen, um dich im Hier und Jetzt zu heilen.

Nimm dir für diese Übung ungestörte Zeit. Die nächsten Momente gehören dir. Find einen bequemen Sitz oder, wenn du möchtest, leg dich hin. Streck dich kurz, um dich noch einmal zu lockern und um Entspannung in deine Erfahrung einzuladen. Nun bring deinen Fokus auf deine Atmung. Spür, wie die Luft ein- und ausströmt. Fühl, wie dein Brustkorb und dein Bauchraum sich ausdehnen und zusammenziehen. Nimm den Luftzug an deiner Nasenspitze wahr. All das musst du nicht künstlich erzeugen oder bewusst intensivieren – spür einfach in dich hinein und nimm wahr, was bereits ganz natürlich vorhanden ist.

Ich möchte dich jetzt einladen, dich an einen Moment in deinem Leben zu erinnern, in dem du sehr glücklich warst. Einen Moment in deinem Leben, der vollkommen erfüllt war. Einen Moment, der schöner nicht hätte sein können. Einen Moment in deinem Leben, in dem du dich ganz losgelöst und frei gefühlt hast. Vielleicht liegt dieser wunderschöne Moment schon viele, viele Jahre zurück, vielleicht wurde er dir gerade erst geschenkt. Geh zurück in die Erinnerung an ihn. Vielleicht ist deine Erinnerung auf einer Reise entstanden. Vielleicht war dein besonderer Moment eine Begegnung. Geh tief hinein in diese Erinnerung an deinen besonderen Moment.

Wie hat dein Moment gerochen? Wie hat er geschmeckt? Hol dir die Erinnerung an deinen besonderen Moment ganz nah.

Wo warst du? Drinnen oder draußen? War es warm oder kalt, Herbst oder Frühling, Winter oder Sommer? Hast du gelacht? Geh noch ein Stückchen tiefer in die Erinnerung deines Momentes.

Genieß dieses wunderschöne Gefühl deines Momentes.

Und jetzt, ganz langsam, lass die Erinnerung an deinen Moment los, aber behalte das wunderschöne warme Gefühl bei dir. Spür, wie das Gefühl, die Empfindung bei dir bleibt, auch wenn du die Bilder und Geschichten jetzt loslässt. Hol dir nun dieses Gefühl in dein Herz. Du kannst jetzt gerne eine Hand auf dein Herz legen. Lass dieses wunderschöne Gefühl tief in dein Herz fließen.

Jetzt dehne das warme, schöne Gefühl aus. Schick es in deinen Brustkorb. Spür, wie dein ganzer Brustkorb warm wird, erfüllt von deinem Gefühl. Jetzt dehne dieses schöne Gefühl noch weiter aus. Schick es in deinen Bauch. Spür, wie dein Bauch warm wird, erfüllt von dem Gefühl. Und dann schick dein Gefühl in deine Beine, deine Füße, deine Arme, deine Hände, deinen Hals und deinen Kopf. Lad deinen ganzen Körper auf mit diesem Gefühl. Schick deine Liebe in jede Zelle deines Körpers. Vielleicht spürst du jetzt, wie dein ganzer Körper anfängt zu kribbeln und warm zu werden.

Dehne dein Gefühl noch weiter aus. Schick es in den Raum, in dem du gerade sitzt. Schick dein schönes Gefühl in jede Ecke des Zimmers. Schick es auf den Flur, in das Zimmer nebenan und das Zimmer daneben. Schick es bis unters Dach, durch die Fenster und durch die Türen bis auf die Straße. Mach die ganze Straße voll mit deinem Gefühl, mit deinem Licht. Und die Straße danach und die Straße danach. Schick dein Gefühl, deine Liebe in jeden U-Bahn-Schacht und in jedes Hochhaus. Lad die ganze Stadt auf mit deinem Gefühl. Und jetzt schick dein Gefühl, dein Licht, deine Liebe zu den Menschen, die du liebst, die aber heute nicht bei dir sein können. Ganz egal, wo diese Menschen sind, ob in Hamburg, Frankfurt, Berlin, Essen, Rom, Paris, Bali, Australien, Südafrika ... Schick dein Gefühl den Menschen, die du liebst, und sieh, wie sie es von dir empfangen. Spür die Verbindung. Genieß diese Liebe.

Und jetzt, ganz langsam, hol dein Gefühl zurück in dein Herz. Bleib noch ein paar Augenblicke mit deinem vollen Herzen, voller Liebe, voller schöner Erinnerungen sitzen.

Wenn du magst, bring deine Hände in die Gebetshaltung vor dein Herz. Bedank dich bei dir selbst und bei dem, was du in dieser Meditation gefunden hast, bei deinem Gefühl und, wenn du so weit bist, öffne langsam deine Augen.

HEALER

Alles heilt

Dein Körper heilt. Dein Herz heilt.

Dein Geist heilt. Deine Wunden heilen.

Deine Seele heilt.

Dein Glück kommt immer wieder zurück zu dir.

UNSERE GEMEINSAME REISE

ERKENNE DAS GESCHENK DEINER GEGENWART

———————

Atme ein. Atme aus. Atme noch einmal tief ein und vollständig aus.

Spürst du dich? Du bist da! Hier und jetzt!

Lass uns jetzt weiterreisen, denn da ist noch so viel Freiheit, die auf dich wartet.

Bist du bereit?

Es wäre schön, wenn wir zwei-, dreimal eine kleine Einsicht haben und danach all unseren Schmerz, unsere Vorurteile und unsere Ängste los wären. Doch das ist nur ein Traum, eine spirituelle Illusion, der wir uns gerne hingeben würden, um nicht wirklich hinzuschauen auf das, was uns nicht gefällt. Aber genau das müssen wir tun, um zu heilen. Wir müssen ehrlich hinschauen, und zwar nicht nur auf das Schöne, sondern auch auf das, wovor wir Angst haben. Dann, Schritt für Schritt, von einer mutigen Entscheidung zur nächsten, nähern wir uns weiter der Freiheit. Wie alle Dinge im Leben, die wir beginnen zu tun, müssen wir auch dieses Hinschauen immer wieder üben. Mit der Zeit wird es leichter und natürlicher. Und mit der Zeit werden sich alte Gewohnheiten ändern.

Auf der ersten Etappe unserer Reise hast du damit begonnen, nicht mehr wegzulaufen – du bist stattdessen hindurchgegangen. Das erforderte Mut, Ehrlichkeit und Soulpower, und darauf darfst du stolz sein.

Jetzt ist es wichtig, dass du deine neu gewonnenen Erkenntnisse in deinen Alltag integrierst. Und zwar jeden Tag aufs Neue. Ja, es bedarf ein wenig Übung und Wiederholung. Denn auch wenn deine Kompassnadel jetzt auf Freiheit ausgerichtet ist, so wird sie doch aus langjähriger Gewohnheit immer wieder zurück in Richtung beschränkende Glaubenssätze, zurück in Richtung *Ich genüge nicht* schnellen – wenn wir nicht wach und aufmerksam bleiben!

THOUGHTS

An keinem Ort der Welt

verbringst du so viel Zeit

wie in deinem Kopf.

Mach ihn zu einem schönen Ort.

Auf dem Weg zum Glück: Glaub nicht alles, was du denkst

Um noch tiefer zu verstehen, warum das altbekannte *Ich genüge nicht* sich immer wieder in unseren Alltag einschleicht, lass uns für einen Moment die grundlegenden Funktionsweisen unseres Geistes betrachten. Unser Geist sucht Muster, wiederholt Gelerntes und Erprobtes und hat eine ganze Tasche voller subtiler Tricks parat, anhand derer er uns lenkt. Daher müssen wir bei unserem Geist ansetzen, wenn wir unseren Heilungsprozess jetzt weiter voranbringen wollen.

Unser Geist ist allerdings kein Ort, der uns immer nur Schwierigkeiten bereitet, die wir spitzfindig erkennen und auflösen müssen. Ganz im Gegenteil: Er ist genauso auch der Ort, an dem Lösungen entstehen und mit dessen Hilfe wir den Kompass immer wieder neu in Richtung Freiheit ausrichten können. Dafür bietet er schier unermessliches Potenzial und Kraft. Wenn wir also unseren Geist kennenlernen und mit ihm arbeiten, entwickeln wir Superkräfte, mit deren Hilfe wir uns unserem Ziel in großen Schritten nähern.

Denn wenn du genau hinschaust, wirst du Folgendes erkennen: Gefühle kommen und gehen nicht einfach so, wie es ihnen gerade in den Sinn kommt. Nein, sie kommen und gehen, wie es *dir* in den Sinn kommt. Deine Gefühle entstehen durch Prägungen, Erinnerungen und Erfahrungen und durch das, was dein Geist daraus macht. Dein Geist bewertet, interpretiert und reflektiert alle Eindrücke, die er erhält. Hierdurch entsteht dein Denken. Dein Denken wiederum beeinflusst, was du fühlst und welche Informationen aus dem Geist an die Oberfläche gelangen. Auf dieser Grundlage entsteht dann auch dein Handeln.

Zur Veranschaulichung:

1. Ein Reiz erreicht dich.

2. Du bewertest oder interpretierst diesen Reiz.

3. Du fühlst etwas.

4. Du handelst.

Nimm dir einen kurzen Moment Zeit, um diesen Prozess zu reflektieren. Kannst du ihn bei dir wahrnehmen? Würdest du etwas ergänzen?

Wir werden uns diese Dynamik unseres Geistes im Folgenden genau ansehen und analysieren. Wir werden in der Tiefe unseres Geistes beginnen zu erforschen, wie wir funktionieren. Dafür werden wir immer wieder innehalten, um in uns selbst hineinzuschauen. Denn alle Theorie wird nutzlos, wenn wir nicht selbst in die Erfahrung gehen.

Das wilde Äffchen in unserem Kopf

So, wie wir etwa 20.000-mal am Tag ein- und ausatmen, haben wir auch eine bestimmte Anzahl von Gedanken pro Tag. Wissenschaftler schätzen diese Zahl auf circa 50.000 bis 70.000. Ja, genau, richtig gehört. Das bedeutet zwei bis drei Gedanken pro Atemzug, alle 1,5 Sekunden einen neuen und, wenn wir acht Stunden Schlaf abziehen, ist es sogar ein Gedanke pro Sekunde, 60 Gedanken pro Minute, 3.600 pro Stunde.

———————

Lass folgenden Gedanken auf dich wirken: Wir sind uns der allermeisten dieser abertausenden Gedanken gar nicht aktiv bewusst.

———————

Doch sie sind da und prägen heimlich und unentdeckt deine Erfahrungen, deine Stimmungen und deine Entscheidungen. Kein Wunder, dass wir uns selbst so oft fremd sind!

Wenn wir uns hinsetzen und uns erlauben, unsere Gedanken einmal wirklich bewusst anzuschauen, dann merken wir als Allererstes, dass in unserem Kopf unglaublich viel los ist. Wir werden förmlich überschwemmt von Gedanken: Was gestern nicht gut lief, was morgen besser werden muss, was wir gefrühstückt haben, wie unsere Kaffeetasse aussieht oder was in der letzten Folge unseres Lieblingspodcasts gesagt wurde. Und wie wir das fanden. Und warum. Und überhaupt. In diesem Moment rennen wir vielleicht bereits weg vor lauter Überforderung oder driften ab in Tagträume. Kommt dir das irgendwie bekannt vor?

ÜBUNG

Monkey Mind

Die Buddhisten haben ein wunderschönes Wort für unsere Flut aus Gedanken: Sie nennen sie den *Monkey Mind*. Unser Geist ist wie ein kleines Äffchen, das die ganze Zeit wie wild von links nach rechts springt. Lass uns dieses Äffchen anschauen und es besser kennenlernen.

Stell dir hierfür den Timer deines Handys auf drei Minuten und schließ dann deine Augen. Verbring die nächsten drei Minuten einfach nur mit deinem Geist. Tu hierfür nichts weiter, als still zu sitzen und deine Gedanken zu beobachten. Ganz ohne irgendwelche Ablenkungen. Wenn der Timer klingelt, öffne langsam deine Augen.

Wahrscheinlich kamen dir diese drei Minuten ziemlich lang vor. Drei Minuten ohne Ablenkung. Ohne schnell noch eine SMS zu schreiben, durch deinen Social-Media-Feed zu scrollen, etwas zu essen, zu planen oder Musik anzumachen. Drei Minuten ohne jede Form der Ablenkung können verdammt lang sein.

Vielleicht waren diese drei Minuten auch herausfordernd, weil auf einmal eine Menge Gedanken präsent waren, die du so nicht erwartet hattest. Vielleicht ist es dir sehr schwergefallen, aufmerksam zu bleiben, und Tagträume haben dich fortgetragen. Das alles ist okay. Wenn du dir darüber bewusst warst, was passiert ist – und wenn es auch nur für eine Sekunde war –, dann hast du bereits etwas getan, was wir zu 99 Prozent unserer Lebenszeit nicht tun: Du hast deinen Geist bewusst wahrgenommen.

Die Welt ist, wie du sie siehst

Was auch immer deine Erfahrung in der vorangegangenen Übung war: Grundsätzlich ist an unserem Äffchen überhaupt nichts falsch, denn es ist der alltägliche Zustand unseres Geistes, ständig in Bewegung zu sein und ohne Unterlass zu produzieren. Vieles von all dem, was er uns präsentiert, ist für den Moment nicht von großer Bedeutung. Wir müssen daher nicht jeden Gedanken am Tag völlig bewusst wahrnehmen. Das würde uns überfordern. Doch grundsätzlich zu erkennen, *dass* unser Geist ständig Gedanken produziert, ist bereits ein Gewinn. Dann können wir nämlich als Nächstes schauen, *wie* er das tut. Dafür lohnt es sich, bestimmte Gedanken und Abläufe genauer unter die Lupe zu nehmen, zum Beispiel die Gedanken, die mit unseren Wertungen zusammenhängen.

Wenn du einmal damit beginnst, auf deine wertenden Gedanken zu achten, wirst du merken, dass es davon sehr viele gibt. Dein Geist kategorisiert, ordnet ein, heftet ab, lehnt ab, sehnt sich, sträubt sich. Wir werten ständig! Alles, was dir passiert, was jemand zu dir sagt, jede Situation, in der du dich befindest, alles, was du siehst oder anderweitig wahrnimmst, letztendlich jeden Reiz, dem du ausgesetzt bist, unterziehst du im Geist einer Wertung. Unser gesamter Denkprozess ist auf diese Wertung und Kategorisierung ausgelegt. Wenn wir dieser Erkenntnis in voller Konsequenz folgen, bedeutet das etwas Erstaunliches: Alles, was wir während eines Tages erleben, ist nicht das, was es ist – es ist das, was *wir denken*, dass es ist. Das bedeutet, dass alles, wirklich alles, absolut subjektiv ist. *Moment*, sagst du jetzt vielleicht, *aber es gibt doch Gutes und Schlechtes im Leben! Und ein schöner Baum ist doch offensichtlich interessanter als ein Pflasterstein. Ist doch klar, oder?!*

Lass uns ein paar kleine Übungen ausprobieren, die dem Buddhismus entstammen und die dazu dienen, uns diese Frage zu beantworten. Ich habe sie von der australischen Psychotherapeutin und buddhistischen Lehrerin Traleg Khandro gelernt.

ÜBUNG

Dein Lieblingsgegenstand

Du kannst für die Übung die Augen schließen oder offen halten. Atme ein paarmal tief ein und aus. Lass deinen Atem dann ganz normal fließen und entspann dich, so gut du kannst, einfach in den Moment. Ruf dir nun einen deiner Lieblingsgegenstände vor dein geistiges Auge. Ganz egal, ob es dein Lieblingskleidungs- oder dein Lieblingsschmuckstück ist, deine Lieblingstasse, dein Fahrrad oder etwas anderes.

Stell dir diesen Gegenstand jetzt vor deinem geistigen Auge vor, schau ihn dir ganz genau an. Wie sieht er aus, welche Farbe hat er, wie groß ist er? Wie ist seine Struktur, seine Haptik? Wenn du deinen Lieblingsgegenstand eingehend betrachtet hast, beantworte folgende Fragen:

1. Welche Eigenschaften, die du an ihm schätzt, gehören inhärent zu dem Gegenstand?

2. Welche Eigenschaften hast du ihm durch deine ganz persönlichen Bewertungen zugeschrieben?

Wenn du genau hinschaust und vorgefertigte Konzepte für einen Moment loslässt, dann wirst du erkennen: Dein Lieblingsgegenstand ist dein Lieblingsgegenstand, weil du ihn mit bestimmten Gefühlen und Erinnerungen assoziierst. Allein deine Bewertung macht ihn zu etwas ganz Besonderem. Das ist nicht falsch oder schlecht – es ist einfach wahr.

Mein Lieblingsgegenstand, den ich beim ersten Ausführen dieser Übung ausgewählt hatte, ist eine Decke, die mir meine Mutter geschenkt hat. Es ist eine Wendedecke, die eine Seite beige, die andere mit einem Leopardenmuster versehen. Sie ist ungefähr zweimal zwei Meter groß. Wenn ich an diese Decke denke und mir die Fragen über ihre Eigenschaften stelle, merke ich, wie sehr ich sie mag, weil sie ein Geschenk meiner Mutter ist. Außerdem finde ich das Leopardenmuster schön und mag, wie weich sich die Decke auf meiner Haut anfühlt. Farbe, Textur, Muster und Maße sind inhärente Eigenschaften der Decke. Dass sie mir gefallen, ist meine Wertung. Einen ganz besonderen Wert aber hat die Decke für mich, weil ich sie mit schönen Erinnerungen an meine Mama verbinde.

Wie aber verhält es sich mit der Bewertung, wenn wir einen Gegenstand nehmen, zu dem wir kein besonderes Verhältnis haben, zum Beispiel einen beliebigen Stein, den wir gerade erst auf der Straße gefunden haben? Haben wir auch bei solchen Gegenständen Wertungen? Wie funktioniert unsere Wahrnehmung in so einem Fall? Interpretieren wir auch in einen solch unbedeutenden Gegenstand etwas hinein? Lass es uns ausprobieren!

ÜBUNG

Ein Stein ist ein Stein ist ein … Stein?

Wenn du das nächste Mal vor die Tür gehst, such dir einen Stein. Irgendeinen. Heb ihn hoch, fass ihn an, schau ihn dir genau an.

Welche Eigenschaften gehören zu dem Stein? Welche Eigenschaften basieren auf deinen Konzepten? Du wirst feststellen, dass du sogar einem willkürlichen Stein neben Eigenschaften wie rund oder eckig und glatt oder rau auch Eigenschaften zuordnest, die deiner individuellen Wertung entspringen. Vielleicht empfindest du die Maserung des Steins als schön oder außergewöhnlich oder er fühlt sich leicht in deiner Hand an. Vielleicht langweilt er dich. Vielleicht fantasierst du darüber, was du mit dem Stein machen könntest: Er ist gut zum Werfen, schlecht zum Hausbauen oder umgekehrt. Selbst ein vermeintlich neutraler Stein bekommt durch dich eine Bedeutung.

Wir können durch diese Übungen direkt erfahren, dass wir ständig werten und dass vielleicht alles, was uns in unserem Leben begegnet, erst durch *uns* zu dem wird, was es für uns ist. Für den einen ist der Stein inspirierend, für den anderen nur ein langweiliges Grau. Eine objektive Wahrheit gibt es also nicht. Ich möchte noch einmal betonen: Das ist nicht gut oder schlecht, Bewertung ist etwas ganz Normales. Wir werten ja nicht nur ab, sondern auch auf und entwickeln durch Bewertung unsere Interessen und Leidenschaften, was etwas sehr Schönes ist.

Wichtig ist nur, dass wir uns unserer Bewertung bewusst werden. Meistens sind wir es nämlich nicht. Bei einer Wertung wie der von einem Stein, der keine Rolle in unserem Leben spielt, ist das nicht so wichtig. Bei maßgeblicheren Bewertungen sieht das aber schon anders aus. Denn – du hast es oben im Prozess der Wertung gesehen – sie haben einen entscheidenden Einfluss darauf, wie wir uns fühlen.

Wie Wertungen unser Fühlen beeinflussen

Üblicherweise nehmen wir an, dass unsere Umstände bestimmen, wie wir uns fühlen. Ob es uns gut geht oder schlecht und ob wir zufrieden sind oder nicht, das hängt – so glauben wir zumeist – davon ab, was da draußen, um uns herum passiert. Klingt logisch. Wäre aber nicht sehr gut für uns. Denn es würde bedeuten, dass wir wenig Einfluss darauf haben, wie es uns geht. Wir wären nur ein Blatt im Wind. Die gute Nachricht: Das stimmt so nicht. Zum Glück! Wir sind nicht einzig und allein bestimmt und unumstößlich abhängig von äußeren Umständen. Noch nicht einmal ansatzweise so sehr, wie wir vielleicht meinen. Auf der Basis ihrer Vielzahl von Studien kommt die US-amerikanische Professorin und Bestsellerautorin Sonja Lyubomirsky in ihrem Buch *The How of Happiness* zu dem Schluss, dass in Wahrheit nur 10 Prozent unseres Langzeitglücks abhängig von unserer Außenwelt sind. Weitere 50 Prozent resultieren aus genetischen Faktoren, womit uns laut Lyubomirsky ganze 40 Prozent Spielraum bleiben, um unser Glücksempfinden hier und jetzt völlig frei gestalten zu können. Die Gestaltung dieser 40 Prozent Spielraum hängt maßgeblich davon ab, wie wir unsere Außenwelt wahrnehmen und sie bewerten und mit ihr umgehen. Und das wiederum entspringt der Art, wie wir über uns selbst und unser Leben denken. Da diese Gedanken der Wertung, wie du selbst in den vergangenen Übungen erfahren hast, in unserem Geist stattfinden, ist dort auch der Ort, an dem sich entscheidet, wie wir uns fühlen. In der folgenden Übung können wir uns das noch etwas genauer anschauen.

ÜBUNG

Gedanken machen Gefühle

Nimm für diese Übung wieder den bequemen Sitz ein, den du bereits für dich gefunden hast, oder leg dich hin. Atme tief ein und aus. Noch einmal, tief ein und aus.

Ich lade dich ein, jetzt an etwas zu denken, das du als unangenehm bewertest. Vielleicht ist das eine unliebsame Aufgabe, die noch vor dir liegt, ein Ereignis aus der Vergangenheit, das du als negativ bewertest, oder eine Szene aus einem Film. Kannst du spüren, wie sich mit deinen Gedanken auch dein Gefühl verändert?

Nimm das Gefühl wahr, das jetzt in dir aufsteigt und sich langsam ausbreitet. Was für ein Gefühl ist das? Ist es das Gefühl der Ablehnung?

Oder fühlst du dich genervt, unglücklich oder sogar ängstlich? Nimm dein Gefühl einfach nur wahr.

Nimm nun auch wahr, wie sich dein Körpergefühl verändert. Vielleicht spürst du eine Enge im Bereich des Brustkorbs? Vielleicht spürst du, wie dein Herz anfängt, schneller zu schlagen, oder wie deine Schultern sich zusammenziehen und du innerlich verhärtest? Fühl in deinen Körper hinein.

Lass jetzt den negativen Gedanken wieder los. Entspann ihn so gut es geht, lass ihn weiterziehen.

Spürst du, wie sich gemeinsam mit dem Gedanken an das Unangenehme auch das unangenehme Gefühl lockert? Spürst du, dass auch dein Körpergefühl sich wieder verändert?

Bring deinen Fokus jetzt auf deinen Atem. Atme ein paarmal tief ein und aus. Jetzt lade ich dich ein, an etwas zu denken, das du als angenehm und schön bewertest.

Vielleicht ist es etwas, das jemand zu dir gesagt oder für dich getan hat? Ein Kompliment, eine Überraschung, ein Blick?

Oder ist es etwas anderes? Ein Naturschauspiel, das Lachen eines Kindes, eine bestimmte Musik oder der Gedanke an ein lang ersehntes Wiedersehen?

Was auch immer es ist, nimm wahr, wie dich der positive Gedanke jetzt fühlen lässt. Vielleicht spürst du, wie langsam Freude, Glück, eine positive Aufregung oder ein wohliges Gefühl in dir aufsteigt. Vielleicht fühlst du Wärme, die sich in deinem Brustkorb ausbreitet, oder wie du auf einmal ganz tief und frei atmen kannst. Vielleicht spürst du auch ein angenehmes Kribbeln, das deinen Rücken hinaufsteigt. Vielleicht fängst du sogar an zu lächeln. Genieß es. Bevor du die Übung abschließt, verweil noch einen Moment in deinem schönen Gefühl.

Wenn die Vergangenheit grüßt, antworte mit Jetzt

Wir könnten das Leben leben, das wir leben wollen, wenn wir uns einfach darauf einlassen würden. Klingt logisch? Ist es auch. Einfach ist es dennoch nicht, denn obwohl wir im tiefsten Innern spüren, was für uns gut ist, wollen wir manchmal trotzdem vor unserem Leben davonlaufen. Vor allem wollen wir das, wenn unser Gefühl uns eine Situation als unbequem, negativ oder potenziell gefährlich präsentiert. Dieses Gefühl muss mit der tatsächlichen Realität nicht übereinstimmen. Eine Situation kann objektiv völlig unbedrohlich sein, und doch spüren wir eine Angst. In solchen Momenten ist es besonders wichtig zu erkennen, warum dein Geist dir diese dunklen Gefühle beschert und warum deine Kompassnadel wieder Richtung Mangel ausschlägt. Stellen wir uns dieser Aufgabe und stellen wir uns die Frage nach dem Warum, so treffen wir ziemlich schnell auf eine alte Bekannte: deine festgefrorene Vergangenheit.

Wie du in den vorangegangenen Übungen und Meditationen selbst erfahren hast, lassen wir alles, was wir erleben, durch innere Filter laufen. Daher nehmen wir eine Situation selten so wahr, wie sie wirklich ist, sondern stattdessen so, wie unsere Filter sie einfärben.

Diese Filter entstehen aus vergangenen Erfahrungen. Das Problem dabei ist, dass negative Erfahrungen diese Filter am stärksten prägen, was an unserem sogenannten Negativity Bias (auf deutsch Negativitätseffekt) liegt. Dieser wurde von einer Vielzahl an Wissenschaftlern untersucht – wie zum Beispiel von Paul Rozin und Edward B. Royzman in ihrer Studie *Negativity Bias, Negativity Dominance, and Contagion.* Er bezeichnet die Tendenz des Gehirns, Negatives als bis zu fünfmal wichtiger einzustufen als Positives. Dadurch rückt unser Unterbewusstsein meist die Teile unserer Geschichte in den Vordergrund, die schmerzhaft waren. So will es uns davor schützen, erneut in eine vergleichbar unangenehme Situation zu geraten.

Ich kann die Momente gar nicht zählen, in denen mir meine vom Negativity Bias geprägten Filter ganz abenteuerliche Filme beschert haben, obwohl der tatsächliche Moment ganz harmlos war. Ich hatte Angst vor potenziell stressigen Telefonaten oder Treffen, die sich als völlig entspannt herausstellten. Ich ging in meinem Kopf Hunderte von Wertungen durch, von denen ich dachte, dass diese andere Menschen sie ganz bestimmt über mich hätten – nur, um dann zu merken, dass diese anderen Menschen völlig freundlich und offen mir gegenüber waren.

Wir alle kennen unzählige Beispiele von kleinen Zweifeln und großen Ängsten, die wir in Situationen fühlten, die aber rückblickend gar nichts mit der Realität zu tun hatten. Und ja, auch nach vielen Jahren auf der Reise geht es mir immer noch manchmal so, denn manche Muster sitzen sehr tief. Ein Beispiel, angesichts dessen ich beim Schreiben ein wenig rot werde: Jedes Mal, wenn ich meine Miete am ersten Tag des Monats überweise, anstatt bereits zum vorherigen Monatsende, fühle ich mich so, als hätte ich mein Leben nicht im Griff. Dabei habe ich es dann einfach nur vergessen und vielleicht würde die Vermieterin nie daran Anstoß nehmen. Wahrscheinlich erwartet sie gar nicht, dass das Geld zum Monatsende überwiesen wird. Doch die negative Wertung ist fest in meinem Kopf, in meinem System, sie ist begründet in meiner Geschichte.

Ja, ja, ich weiß: Ich könnte auch einfach einen Dauerauftrag einrichten – aber das ist eine ganz andere Geschichte, jetzt werde ich wieder ein bisschen rot. Auf jeden Fall schießen mir beim vermeintlichen Vergessen der Zahlung sofort Gedanken in den Kopf wie: *Oh nein, hoffentlich kündigt mir die Vermieterin jetzt nicht!* Oder:

Was, wenn ich entlarvt werde als jemand, der sein Leben nicht im Griff hat? Diese Gedanken führen dazu, dass ich mich noch ängstlicher und angespannter fühle. Aber wie kann das sein? Fünf Minuten vorher habe ich doch noch entspannt mit meinem Mann über seine schlechten Scherze gelacht. Und jetzt, von einem Moment auf den anderen, ist das Gefühl der Leichtigkeit verschwunden. Ich drehe die Musik leiser, höre auf zu lachen und mache mir Sorgen. Mein Mann kann meinen Stimmungswandel natürlich nicht verstehen und versucht, mich aufzuheitern. Das führt wiederum dazu, dass ich mich unverstanden fühle, noch angespannter werde und sage: „Ich habe jetzt keine Zeit. Ich muss mich um andere Sachen kümmern." Und auf einmal ist die Stimmung gekippt.

Woran liegt das? Meine Erfahrung, gesammelt durch viele Momente des genauen Hinschauens, sagt mir klar: Es liegt daran, dass ich die Vergangenheit in mein Jetzt fließen lasse. Der absolut harmlose Fakt, meine Miete einen Tag später als gewollt überwiesen zu haben, vermischt sich mit dem Gefühl der verzweifelten Hilflosigkeit aus dem Jahr 2006. Ein kurzer Flashback genügt, um mich innerhalb von Sekunden in den damaligen Gefühlszustand zu versetzen. Heute, über 13 Jahre später, bin ich beruflich gesichert und ohne bedrohliche finanzielle Sorgen. Und dennoch fühle ich mich in manchen Momenten wie die junge Mutter, die mit ihrem Kind auf dem Arm händeringend nach einem Dach über dem Kopf sucht und keines findet. So wird aus einer harmlosen Situation ein großes Drama.

Das bin ich – wirklich?

Rafia Morgan, Begründer des *Path of Love* und langjähriger persönlicher Schüler des indischen Gurus Osho, hat folgenden Satz gesagt: „Wenn wir Menschen in nur einer Sache Genies sind, dann darin, immer wieder Beweise dafür zu finden, warum unsere Persönlichkeit so ist, wie sie ist, und warum sie so sein muss."

SHIFT

Du bist,
wer du denkst zu sein.

Das heißt: Wenn wir grundsätzlich annehmen, wir seien es nicht wert, dass uns geholfen wird, oder wir seien nicht gut genug, um auch mal Fehler zu begehen, so werden wir Genies darin, in unserer Umwelt immer wieder neue Beweise dafür zu finden, dass diese Überzeugungen, unsere alten Glaubenssätze, wahr sind.

Wir stecken dann fest in einer sich wiederholenden Spirale. Seit wir auf der Welt sind, haben wir Muster entwickelt und eine Persönlichkeit mit vielen negativen Glaubenssätzen aufgebaut, die eine Reaktion auf das waren, was das Leben uns präsentiert hat. Mit den Jahren haben wir diese so sehr gefestigt, dass wir sie nun als unser unveränderliches *Ich* ansehen. Wir haben ein Bild von uns selbst geformt, von dem wir denken: *Das bin ich!* Dieses *Das-bin-Ich* ist unsere Persönlichkeit, auch unser Ego genannt.

Mit Ego meinen wir also nicht das, was wir umgangssprachlich darunter verstehen, nicht etwas per se Negatives oder Egoistisches, sondern einfach unser Selbstbild. Seine Grundsteine wurden gelegt, als wir noch viel zu klein waren, um bewusst zu reflektieren, was da mit uns passiert. In diesem Ego fühlen wir uns so verwurzelt, dass wir meist lieber *So bin ich halt!* sagen, statt uns zu erlauben, es infrage zu stellen. Dadurch wird unser Ego auch zu unserem Gefängnis.

Im Hier und Jetzt suchen und finden wir nun immer wieder Beweise dafür, dass diese alten Glaubenssätze wirklich *wahr* sind. Da wir schlau sind und eine Menge Beweise anhäufen können, festigt sich unser Selbstbild und wir gelangen zurück zum Anfang dieser Spirale.

Wenn wir auf diese Weise festgefroren bleiben, werden wir uns – trotz der Tatsache, dass wir alte Verletzungen verstehen und angefangen haben zu heilen – immer wieder vergeblich und verzweifelt fragen: *Wieso fühle ich mich immer noch nicht gut? Warum kann ich nicht das Leben leben, das ich wirklich leben will?*

FREEDOM

Die Größe meines Egos
entspricht der Entfernung von mir zur Freiheit.

ÜBUNG

Ertappe dich bei der Beweissuche

Sicher erkennst du beim Lesen dieser Zeilen auch bei dir selbst viele Situationen, in denen die Vergangenheit dein Jetzt beeinflusst hat. Einige zeigen sich dir vielleicht sehr deutlich. Bei anderen wirst du eine innere Stimme hören, die dir sagt, dass die Beweislage aber doch darauf hinweist, dass die negativen Glaubenssätze der Vergangenheit wahr sind. Es ist gut, das zu erkennen!

Nimm dir nun ein paar Minuten Zeit. Schreib eine oder mehrere Situationen auf, in denen du das Jetzt und die Vergangenheit vermischt hast. Situationen, in denen du dir eine eigentlich harmlose Sache aufgrund deiner negativen Wertung wie ein langes Drama erzählt hast. Achte auch besonders darauf, wann und wie dein Beweissucher ins Spiel kommt. Find den Teil in dir, der dir erzählt, dass diese Vergangenheit und ihre Rückschlüsse wahr sind. Ist er laut oder leise, rational oder emotional? Schreib auf, wie du ihn erfährst. Sag Hallo. Lern ihn kennen.

Wenn du eine oder mehrere Situationen gefunden und aufgeschrieben hast, gönn dir einen Moment der Ruhe. Mach dir eine Tasse Tee oder Kaffee, schau aus dem Fenster oder hör dein Lieblingslied. Du hast einen weiteren mutigen und ehrlichen Schritt getan und dir Teile deiner selbst angeschaut, die unangenehm sein können. Schenk dir dafür Anerkennung und ein bisschen Liebe. Ich bin stolz auf dich. Sei du es auch.

Wäre es nicht wundervoll, wenn du aus dem Gefängnis ausbrechen könntest – oder zumindest regelmäßigen Freigang hättest? Das wäre nicht nur wundervoll, das ist wundervoll. Erinner dich für einen Moment an das Bild der Schmetterlingsmetamorphose. Diese Transformation ist ein Prozess, der zwar nicht von heute auf morgen passiert, der aber unabwendbar ist. Denn die Raupe ist von Natur aus dazu bestimmt, ein Schmetterling zu sein, der frei durch die Lüfte gleitet. Damit das passieren kann, muss die Raupe sich Stück für Stück auflösen. Sie muss loslassen, was sie bisher war.

Und genauso ist es mit uns. Um frei leben zu können, müssen auch wir uns ein Stück weit auflösen. Wir müssen uns von der Person verabschieden, die unsere negativen Glaubenssätze uns vorgegaukelt haben zu sein. Wenn wir die festen Strukturen unseres Egos lockern, dann lösen wir gleichzeitig auch die Mauern unseres Gefängnisses auf. Dafür müssen wir zuerst erkennen, was genau es ist, was wir über uns selbst denken. Wir müssen die Protagonistenrolle in unserem Kopfkino verlassen und zum Zuschauer des Gedankenfilms werden.

Um diesen Perspektivenwechsel zu vollziehen, gibt es kein besseres Hilfsmittel als die Meditation. In der Stille, die wir in der Meditation erfahren, kommen die Endlosschleifen der Bewertungen, Geschichten und inneren Bilder zur Ruhe. Die Wirbel aus Gedanken entwirren sich. Dann können wir sie einzeln betrachten und sehen, wie sie unser Ego, unser Selbstbild, erschaffen. Auf diesem Weg erlangen wir mehr Klarheit über uns selbst.

HEROISM

Unser Geist ist wie das Wasser.

Wenn er sich beruhigt, wird er klar.

Dann erkennen wir unsere wahre Größe.

Wie trübe Wasser klar werden: Die Kraft der Meditation

Stell dir vor, dass dein Geist wie ein Glas Wasser ist. In diesem Wasser befindet sich Sand – das sind deine Wertungen, Erinnerungen, Muster, Ängste, all die Dinge, die deine Persönlichkeit prägen und dein Ego ausmachen. Der alltägliche Zustand dieses Wasserglases ist es, in ständiger Bewegung zu sein. Du denkst an tausend Dinge, du läufst durch den Tag, du organisierst, erlebst, tust. So werden das Wasser und der Sand darin ständig bewegt, es entsteht ein Wirbel und das Wasser wird trübe. Wenn du durch das Wasser hindurchsehen möchtest, wird dir das nicht gelingen. Was passiert aber, wenn du das Wasserglas für einen Moment abstellst? Nach und nach wird die Bewegung des Wassers abebben, Stille wird einkehren und der Sand, der eben noch das Wasser getrübt hat, setzt sich am Boden des Glases ab. Und siehe da: Das Wasser wird klar. Du kannst hindurchschauen.

Nichts hat mir so sehr dabei geholfen, Ruhe und Klarheit in mein Wasserglas zu bringen, wie die Meditation. Es ist ein gängiger Irrglaube, dass es das Ziel von Meditation sei, nichts zu denken.

Denn erinner dich: All der Sand – die Gedanken und Wertungen – ist ja noch im Glas! Wir haben nichts verschüttet und noch nicht einmal gefiltert! Vielmehr schaffen wir in der Meditation Ruhe und einen inneren Raum, in dem all unsere Gedanken Platz haben. Dann können wir etwas tun, was wir im Alltag sonst nicht tun: Wir können uns unsere Gedanken anschauen. Wir werden uns damit all dessen, was in unserem Kopf so vor sich geht, bewusst: unserer Konditionierungen, unseren Konzepten, unseren Wertungen und unseren Filtern. Das alles darf da sein. Der Sand ist im Glas, nichts wird unterdrückt oder verweigert. Alles hat seinen Platz. Jeder noch so schräge, flüchtige, peinliche oder schmerzhafte Gedanke. Und zur gleichen Zeit herrscht eine Klarheit in uns und wir empfinden eine Stille, die uns erfüllt.

Der Weg der Meditation ist vor allem zu Beginn mühsam, da er meist so gar nicht dem entspricht, was wir in den letzten 20, 30 Jahren mit unserem Geist gemacht haben. Daher erfordert er auch Mut und eine sanfte Disziplin. Das habe auch ich feststellen müssen, als ich mich zum ersten Mal auf ein Meditationskissen gesetzt habe. Ich war ziemlich überrascht, fast enttäuscht. Ich wollte mir doch was Gutes tun, endlich mal abschalten, den ganzen Stress hinter mir lassen und relaxen.

Mit diesen Erwartungen hatte ich meine erste Meditationssession gebucht und in meinen randvollen Terminkalender eingetragen. Und jetzt saß ich da und meine erste Meditationserfahrung hatte so gar nichts mit Wellness zu tun. Ich weiß noch ganz genau, dass ich damals dachte: *Wäre ich mal lieber in die Sauna oder zur Massage gegangen.* Heute bin ich unendlich dankbar, dass ich mich für das Meditationskissen entschieden hatte.

Der tibetische Lama Chögyam Trungpa, der den Buddhismus im Westen geprägt hat wie beinah kein Zweiter, hat seinen Schülerinnen und Schülern immer wieder ans Herz gelegt: Wer auch immer sich hinsetzt und den eigenen Geist betrachtet, ist eine wahre Kriegerin, ein wahrer Krieger. Nicht, weil er kämpft, sondern weil er den Mut, die Würde und die Hingabe hat, sich mit dem größten und gleichzeitig dem unbekanntesten Teil seiner selbst zu treffen. Denn obwohl unser Geist so mächtig ist, verbringen wir im Durchschnitt nur sehr wenig bewusste Zeit mit ihm. Lass uns beide daher Kriegerinnen und Krieger sein. Lass uns mutig sein, sanft in unserer Furchtlosigkeit und bestimmt in unserer Hingabe. Lass uns nun auf unserer Reise ein Gespräch führen mit unserem eigenen Geist. Und lass uns dafür zuallererst eines tun: zuhören.

LISTEN

Die Stille ist nicht leer.

Sie ist voller Antworten.

Dem Geist zuhören

Lausche deinem Geist. All dem, was er zu sagen hat. Meist tun wir nämlich genau das nicht, sondern werten und unterbrechen ihn ständig.

Gib deinem Geist in der folgenden Meditation Raum und dir damit die Chance, ihn besser kennenzulernen und zu verstehen. Hierfür musst du nichts tun, außer ihn einfach nur zu beobachten. Dieses aufmerksame Beobachten beginnt bereits mit dem aufmerksamen Sitzen. Deshalb wählen wir für diese Meditation den aufrechten und würdevollen Meditationssitz. Nachdem wir den aufrechten Sitz etabliert haben, werden wir unseren Geist beobachten. Unser Atem wird uns dabei helfen.

Der würdevolle Sitz

„Ich kann nicht lange still sitzen" höre ich oft als Ausrede – und das meine ich ganz liebevoll – dafür, dass jemand vermeintlich nicht meditieren kann. Darauf gibt es zwei Antworten: *Das musst du auch nicht* und *Das geht schon*. Die erste Antwort erfolgt auf das Wort *lange* und bedeutet, dass bereits drei Minuten reichen können. Ein paar Momente der stillen Einkehr können Großes bewirken. Es kommt also erst mal nicht drauf an, wie lange du sitzt, sondern darauf, dass du überhaupt sitzt. Die zweite Antwort bedeutet, dass es zum Glück über die Jahrtausende, in denen die traditionellen Techniken der Meditation weitergegeben wurden, genug Menschen gab, die glaubten, nicht still sitzen zu können. Wir sind also in guter Gesellschaft. Zum Glück haben sich einige grundlegende Tipps herauskristallisiert, die sehr wirksam dabei helfen, bequem und entspannt in der Meditation sitzen zu können. Ich lade dich dazu ein, diese jetzt mit mir auszuprobieren!

Der Sitz

Nimm für diese Meditation eine bequeme, aber aufrechte Sitzposition ein. Setz dich entweder mit verschränkten Beinen in den Schneidersitz oder in den halben oder ganzen Lotussitz. Setz dich gerne auch erhöht auf ein Meditationskissen oder auf die Kante einer gefalteten Decke, damit deine Hüfte höher ist als deine Knie. So vermeidest du, dass die Beine während der Meditation einschlafen. Du kannst dich aber auch auf die Kante eines Stuhles setzen, mit den Füßen gut geerdet am Boden.

MUND
entspannt,
Lippen sanft geschlossen
oder leicht geöffnet

————

RÜCKEN
aufrecht und fest ver-
wurzelt und gleichzeitig
weich und flexibel

————

SITZ
Schneidersitz,
halber oder
ganzer Lotussitz

————

KOPF
ruht gleichmäßig
ausbalanciert auf
der Wirbelsäule

————

SCHULTERN
entspannt,
leicht nach
hinten gerollt

————

HÄNDE
auf den Knien
oder Ober-
schenkeln ablegen

————

Die Schultern

Deine Schultern sind entspannt und leicht nach hinten gerollt, sodass eine angenehme Öffnung im Brustkorb entsteht. Wir wollen uns in der Meditation der Welt nicht verschließen, sondern ihr mit einem offenen und würdevollen Herz begegnen.

Nimm in dieser Haltung die Teile des Körpers wahr, die den Boden berühren. Deine Füße, deine Unterschenkel, deine Oberschenkel und dein Gesäß. Spür die Verbindung zum Boden, zur Erde. Wie sie dich trägt und wie sie dich hält.

Die Hände

Leg deine Hände auf den Knien oder Oberschenkeln ab. Nimm dafür keine besondere Handhaltung an, also zum Beispiel keine gekreuzten oder verschlossenen Finger. Leg die Handflächen nach unten ab. Streck die Arme nicht durch. So können sich deine Schultern, Arme und Ellenbogen entspannen. Fühl nun ganz bewusst in deine Hände hinein. Wie fühlen sie sich heute an? Sind sie warm oder kalt, kribbeln sie vielleicht?

Der Rücken

Wander mit deiner Aufmerksamkeit zur Rückseite deines Körpers, deiner Wirbelsäule. In der Meditation sitzen wir mit einem aufrechten, aber nicht starren Rücken. Hier passt das Bild der Wasserpflanze sehr schön. Die Wurzeln der Wasserpflanze sind fest im Grund des Sees verankert und die Spitzen ihrer Blätter thronen auf der Wasseroberfläche.

Die Wasserpflanze steht aufrecht im Wasser, ist aber flexibel genug, um sich in den kleinen Wellen und Bewegungen des Sees zu wiegen. Deine Wirbelsäule ist wie diese Wasserpflanze. Aufrecht und fest verwurzelt und gleichzeitig weich und flexibel.

Der Kopf

Dein Kopf ruht gleichmäßig ausbalanciert auf deiner Wirbelsäule. Stell dir dafür gerne vor, wie ein unsichtbarer Faden von der Mitte deines Scheitels Richtung Himmel heraufragt und dich mit einem leichten Zug nach oben aufrecht sitzen lässt. Du kannst dein Kinn leicht Richtung Brustbein senken, hierdurch bildet dein Kopf automatisch eine aufrechte und gerade Verlängerung der Wirbelsäule. Auch das hilft dir dabei, aufrecht und trotzdem entspannt zu sitzen.

Die Augen

Du kannst deine Augen schließen, wenn du möchtest. Schön ist es auch auszuprobieren, ob du dich nach und nach damit anfreunden kannst, deine Augen sanft geöffnet zu lassen, mit leicht gesenktem Blick. In vielen Traditionen, vor allem in den buddhistischen, wird mit leicht geöffneten Augen meditiert, manchmal sogar mit extra weit geöffneten Augen. Der Grund hierfür ist, dass wir uns der Welt um uns herum nicht verschließen wollen, sondern die Erfahrung all unserer Sinne und somit auch die des Sehens in unsere Meditation einschließen wollen. In anderen Traditionen wiederum sitzt man mit geschlossenen Augen. Vor allem für Meditationseinsteiger ist es zuerst oft einfacher, die Augen zu schließen, um schneller in der Meditation zu versinken und bei sich anzukommen. Ich selbst schließe nach wie vor auch am liebsten meine Augen. Egal, für welche Variante du dich entscheidest, entspann deine Augen, deine Augenlider und die Partie um deine Augen. Lass alles los.

Der Mund

Entspann deinen Mund, deine Mundwinkel, deinen Kiefer und deine Zunge. Deine Lippen sind sanft geschlossen oder leicht geöffnet. Wenn du magst, kannst du deine Zungenspitze leicht an deinen oberen Gaumen, direkt hinter den Schneidezähnen, antippen lassen. Das entspannt den Gaumen und sorgt bei leicht geöffnetem Mund ein wenig für die Regulation des Speichelflusses.

MEDITATION

Den Geist beobachten

(▶ AUDIO)

Wenn du auf diese Weise ruhig, entspannt und mit wacher Aufmerksamkeit sitzt, bring deinen Fokus langsam auf deinen Atem. Vielleicht spürst du, wie mit jeder Einatmung kühle Luft einströmt und mit jeder Ausatmung erwärmt wieder ausströmt. Vielleicht spürst du auch, wie sich dein Brustkorb mit jeder Einatmung hebt und mit jeder Ausatmung wieder senkt. Vielleicht spürst du auch, wie sich deine Bauchdecke mit jeder Einatmung wölbt und mit jeder Ausatmung wieder senkt. Richte deinen Fokus immer wieder auf deine Ein- und Ausatmung. Dein Atem hilft dir dabei, immer wieder im Jetzt anzukommen. Er ist dein Anker. Dein Atem ist nie gestern, nie morgen, sondern immer genau jetzt. Der Tag bis zu diesem Moment ist vergangen. Vollständig vergangen. Und der Tag nach diesem Moment, letztendlich der Rest deines Lebens, ist noch nicht gekommen. Mach dir selbst das Geschenk, ganz im Hier und Jetzt zu sein. Dein Atem hilft dir dabei.

Durch den Fluss deines Atems kann dein Geist ein wenig zur Ruhe kommen. Nimm wahr, wie du immer wieder zum Atem zurückkehren kannst, wenn der Sand im Glas wieder beginnt zu verwirbeln. Atme ein und aus, lass den Sand sich absetzen. Du verdrängst nichts, du lässt nur Ruhe und Raum da sein. Jetzt, wo dein Geist sich ein wenig beruhigt und stabilisiert hat, kannst du deine Gedanken etwas genauer anschauen und unter die Lupe nehmen. Schau dir dafür einfach die Gedanken an, die jetzt gerade in dir aufziehen. Ganz egal, welche Gedanken auch kommen mögen, nimm sie einfach wahr. Lass sie da sein, kommen und gehen, ohne sie zu bewerten. Lass sie weiterziehen, wenn sie möchten. Lass neue kommen und auch wieder weiterziehen.

Dein Geist ist wie der große, weite, klare Himmel und deine Gedanken sind die Wolken, die in unzähligen Formen erscheinen. Der Himmel ist immer derselbe – die Wolken ziehen auf und ziehen weiter. Dein Geist ist immer derselbe – deine Gedanken ziehen auf und ziehen weiter. Und so wie der Wind die Wolken am Himmel weiterziehen lässt, so lässt dein Atem deine Gedanken weiterziehen. Bleib für einige Atemzüge bei diesem Bild, bei deinem Himmel, deinen Wolken und deinem Wind.

Nun schau, ob du deinen Gedanken und Gefühlen einen unendlich großen, weiten Raum geben kannst. Biete ihnen die Weite des Himmels an. Dein Himmel kann alles beherbergen, jeden Sturm, jeden Regen und jede Windstille. Alles kann in ihm sein, nichts verändert seine Klarheit. Kommt ein schöner Gedanke, gib ihm viel Raum und nimm das darunterliegende Gefühl wahr. Kommt ein unangenehmer oder herausfordernder Gedanke, gib auch ihm Raum und nimm das darunterliegende Gefühl wahr. Alles im Hier und Jetzt ist in Ordnung. Alles hat seinen Platz. Alles hat unendlich Raum. Du brauchst keinen Gedanken und auch kein Gefühl wegzudrücken, du brauchst auch keinem Gedanken und keinem Gefühl hinterherzurennen. Alles darf genau so sein, wie es jetzt gerade ist. Nimm wahr, dass deine Gedanken, ganz egal, welche Form sie annehmen, wie die Wolken ganz von allein weiterziehen.

Verweil ein paar Momente in diesem weiten Raum deines Himmels.

Nimm nun einen tiefen Atemzug und komm mit der Ausatmung zurück zu den Zeilen dieses Buches.

Da es sich um deinen eigenen Geist handelt, ist mein Rat, dass du diese Meditation nach und nach für dich selbst entdeckst und übernimmst, sodass du ohne Anleitung sitzen kannst. Gib dir selbst den Raum zum Beobachten deiner Gedanken und Gefühle – und zum Erfahren deines eigenen Geistes, deines weiten Himmels.

Meditation ist etwas Großartiges und ihre Großartigkeit liegt vor allem in ihrer Einfachheit. Sitzen, atmen und die eigenen Gedanken anschauen – das ist Meditation. So einfach ist das. Nutze diesen einfachen Zugang, aber bitte mach dir keinen Druck durch die Erwartung, etwas *Außergewöhnliches* entdecken oder erfahren zu wollen. Meditation ist kein Selbstoptimierungstool, keine exotische oder esoterische Geschichte. Sie ist im Gegenteil etwas völlig Persönliches: Meditation gibt uns die Möglichkeit, uns wirklich und ehrlich selbst kennenzulernen.

Und es tut gut, sich selbst kennenzulernen. Ohne das Gefühl zu haben, dieser oder jener Gedanke dürfe nicht da sein. Alles, was da ist, darf auch sein. Ohne Zensur. Außerdem wäre es sowieso unmöglich, etwas verdrängen zu wollen. Der kroatische spirituelle Meister Antun Vitturi hat einmal zu seinen Schülern gesagt: „Alles, was da ist, ist doch bereits da! Warum dagegen auflehnen?" Wenn wir annehmen können, was wir empfangen, wird jeder Moment zu einem Geschenk. Durch Meditation lernen wir, dieses wundervolle, ganz unmittelbare Geschenk zu empfangen. Vielleicht ist es das größte Geschenk überhaupt, das Wertvollste, was wir besitzen können, da es immer neu ist und nie endet: das Jetzt.

ORDINARY LOVE

Das Schöne zu lieben, ist gewöhnlich.
Aber das Gewöhnliche lieben zu können,
das ist wirklich schön.

Das Glück im Augenblick finden

In der Meditation wirst du vielleicht sehr bald etwas feststellen: Wenn wir mit unseren Gedanken nicht gerade in der Vergangenheit festhängen, dann sind wir ganz oft bereits in der Zukunft. *Super!*, denken wir vielleicht. *Jetzt bin ich nicht mehr in den Ereignissen meiner Vergangenheit gefangen und kann endlich mein spannendes Morgen planen.* Doch das macht uns das Leben nicht unbedingt leichter. Wir überlegen dann, was wir alles noch erledigen wollen und schaffen müssen. Das kann natürlich auch motivierend sein, doch oft dauert es nicht lange, bis wir uns wieder Sorgen darüber machen, was dabei alles schiefgehen könnte. Vielleicht sind wir auch enttäuscht, weil das schöne Morgen noch nicht da ist und unsere Erwartungen im Jetzt noch nicht erfüllt sind. Manchmal glauben wir sogar, dass wir erst glücklich sein können, wenn wir einen neuen Job haben, endlich in einer perfekten Partnerschaft leben oder mehr von der Welt gesehen haben.

Pläne und Träume zu haben ist gut und vor allem absolut menschlich. Uns unterscheidet von der Tierwelt, dass wir komplexe Zukunftsvisionen haben und diese umsetzen können. Doch wenn wir allzu sehr in der Zukunft leben, verpassen wir die magischen Momente der Gegenwart. Dabei können wir im Hier und Jetzt bereits immer wieder schöne Erlebnisse haben, mögen sie noch so klein sein. Ihre Summe macht uns das Leben lebenswert. Auch in schwierigen Zeiten gibt es viele wertvolle Momente, die wir oft verpassen, weil wir vor lauter Sorgen den Blick für sie nicht haben oder sie als banal und unzureichend werten. Wie wir Menschen eben sind, merken wir leider oft erst mit rückblickender Nostalgie, wie viel Schönes in diesen Momenten zu finden war. Doch dann haben wir sie bereits verpasst und leben sie nur noch in der Retrospektive. In meiner harten Zeit im Jahr 2006 hatte ich trotz meiner damaligen Situation viele schöne Momente, vor allem mit meinem Sohn. Das erkenne ich jetzt – zurückblickend. Habe ich sie damals verpasst? Waren meine Wahrnehmung und mein Glück gedämpft von Zukunftsängsten und vom Bereuen vergangener Entscheidungen? Ja, das waren sie zweifellos.

Nicht alles ist perfekt. Es gibt immer etwas zu tun, wenn wir uns auf die Zukunft ausrichten. Es gibt auch immer etwas zu bereuen, wenn wir in der Vergangenheit fixiert sind. Unser Leben aber findet immer im Jetzt statt. Das Jetzt kann uns zeigen, dass wir grundlegend komplett und wundervoll sind. Nicht gestern, nicht morgen, sondern jetzt. Heute. In unserer Gegenwart. In jedem Moment. Beim Ein- und Ausatmen, beim Sitzen und Laufen, beim Denken und Fühlen. Nur jetzt können wir die Momente bewusst erleben und ihre Schönheit entdecken. Gerade im Umfeld der Persönlichkeitsentwicklung und der spirituellen Arbeit meinen wir oft, auf ein fernes Ziel hinstreben zu müssen. Die Idee *Irgendwann bin ich erleuchtet oder liege zumindest mit einem Cocktail am Strand* kann auch nur ein Fluchtgedanke sein und ist nicht unbedingt die Freiheit, nach der wir uns wirklich sehnen. Wie lange kannst du mit einem Cocktail am Strand liegen, bevor dir langweilig wird? Was ist dann die nächste, bessere Zukunft, der du hinterherläufst? Wir rennen und rennen und suchen das Glück hinter jeder nächsten Ecke. So versagen wir uns dem Glück im Jetzt. Wir übersehen es.

Ein verpasstes Stück Jetzt

Zum Schreiben dieses Buches bin ich unter anderem nach Wien gereist. Der Gedanke war, mich für eine Zeit aus dem Alltag in Berlin zu lösen, um mich ausschließlich aufs Schreiben zu fokussieren. Als sich kurzfristig die Möglichkeit auftat, für ein paar Tage in die kreative Isolation zu gehen, suchte ich nach einem günstigen Flugticket und einem schönen Hotelzimmer und wurde in Wien fündig.

Die folgenden Worte sind dort entstanden:

Es ist vielleicht reiner Zufall, dass ich jetzt, in diesem Moment, in dem ich über die Gegenwart schreibe, an einem Ort meiner Vergangenheit bin. Ich bin in Wien, dieser wunderschönen Stadt voller Erinnerungen. Drei Jahre lebte ich hier mit meinem Sohn; er war gerade fünf, als wir herzogen. Der Grund für den Umzug war mein neuer Job. Ich begann im Marketingdepartment von Universal Music Austria zu arbeiten, meine erste Festanstellung nach langer Selbstständigkeit. Beruflich und privat öffneten sich viele neue Türen in Wien. Ich sah so viele neue Möglichkeiten. Da waren so viele neue wundervolle Freunde für meinen Sohn und mich. Unsere Welt wurde ein entscheidendes Stück größer. Heute, neun Jahre später, laufe ich durch Wien und mein Herz ist randvoll mit diesen wunderschönen Erinnerungen. Heute ist mir bewusst geworden, wie unfassbar glücklich ich damals eigentlich war. Mitten in der Herausforderung, der Aufregung und dem neuen Alltag. Heute, als ich den alten Weg zum Kindergarten meines Sohnes und zu meinem Büro entlanglief, wurde mir das bewusst. Heute, als ich mit der Straßenbahn fuhr, die wir jeden Morgen um sieben Uhr genommen haben. Heute habe ich alle diese Erinnerungen an unseren Alltag von damals gehabt. An diesen wunderschönen Alltag. Einen Alltag, der mir damals, als er mein Jetzt war, nur selten so schön vorkam wie heute in der Retrospektive: Da waren Termine, Rechnungen und Fristen, lange Arbeitstage und verregnete Wochenenden, da waren Einkaufslisten und Löcher in den Jeans und Ambitionen für mehr, für ein Höher, Schneller, Weiter, für eine, wie ich dachte, erfolgreichere Zukunft. Während ich dies schreibe, schmunzele ich über mich selbst. Über mein Ich von damals und über mein Ich von heute, das in der Vergangenheit schwelgt und das Jetzt beinahe wieder verpasst. Ich atme ein, ich atme aus. Ich schaue aus dem Fenster auf die Innenstadt. Ein Vogel singt. Ein Auto hupt. Ich habe Durst. Alles ist perfekt.

ÜBUNG

Alles ist perfekt

Nimm dir einen Moment und atme ein und aus. Überleg dir nun, wie oft du heute mit deinen Gedanken schon in der Vergangenheit oder der Zukunft warst. Sicherlich ziemlich oft, oder? Das ist dir während des Tages wahrscheinlich gar nicht aufgefallen, was völlig normal ist. Doch es lohnt sich, immer wieder im Jetzt einzuchecken und die Reise zu genießen. So, wie sie jetzt gerade ist. Es lohnt sich, das Jetzt nicht zu verpassen. Du weißt, wie dir das in diesem Moment gelingen kann.

Atme ein, atme aus. Schau aus dem Fenster. Ein Mann ruft, eine Bahn fährt vorbei, der Wind wiegt die Äste des Baumes. Du atmest ein, du atmest aus. Der Himmel ist weit. Die Wolken ziehen entlang. Ein Hund bellt. Alles ist perfekt.

Mut zur Lücke

Es gibt eine ganz besondere Art von magischen Momenten, die wir alle oft erleben: die kleinen Lücken in unserem Alltag. Wenn wir auf die Bahn warten, unsere Begleitung im Restaurant kurz ins Bad verschwindet oder wir an der Kasse in der Schlange stehen. Und, ganz ehrlich, was ist meistens unser erster Reflex? Genau: aufs Handy zu schauen, schnell zu checken, ob wir eine neue Nachricht bekommen haben, rasch den Feed auf Instagram durchzuscrollen oder irgendwelche Schlagzeilen zu überfliegen.

Doch genau diese kleinen Lücken in unserem randvollen Alltag sind die größten *Magic Moments*. Es sind willkommene, perfekte Pausen, die wir nutzen können, um bei uns selbst einzuchecken. Wir leben in einer Welt, in der wir von Reizen überflutet werden und in der unsere Aufmerksamkeit sich ständig nach außen richtet. Eine Welt, in der ein To-do das nächste jagt und wir zwischen unseren eigenen Erwartungen und denen anderer wie auf einem Drahtseil hin und her balancieren. Deshalb nutze die Lücken des Alltags für dich. Erklär sie zu deiner Aufmerksamzeit.

Aufmerksamzeit ist die Zeit, in der du bei dir selbst einkehrst und dich sammelst. Die Zeit, in der es nur um dich geht. Die Zeit, in der du schaust: *Wie geht es mir?* Die Zeit, in der du dich wieder mit dir selbst verbindest. Mit deinem Befinden, deinen Gedanken und deinen Gefühlen. Jede Aufmerksamzeit holt dich raus aus dem ferngesteuerten Modus und bringt dich auf direktem Weg zurück zu dir. In deine Kraft.

ÜBUNG

Aufmerksamzeit

Bei deiner nächsten Alltagslücke wähl die innere Einkehr. Mach sie zu deiner Aufmerksamzeit.

Atme tief ein und aus und frag dich: Wie fühle ich mich? Wie fühle ich mich jetzt gerade, in diesem Moment? Wie fühlen sich meine Füße auf dem Boden an? Wie fühlen sich meine Hände an? Sind sie warm oder kalt? Kribbeln sie vielleicht? Kann ich tief und frei ein- und ausatmen oder spüre ich eine Enge im Brustkorb? Bin ich gerade aufgeregt oder ganz entspannt? Bin ich müde oder wach? Fühl ich mich traurig, enttäuscht, glücklich, dankbar oder neutral? Gibt es einen Grund, warum ich mich gerade fühle, wie ich mich fühle?

Atme noch einmal tief ein und aus. Du brauchst für diese Aufmerksamzeit nicht mehr als ein paar Augenblicke. Wiederhol diese Übung so oft am Tag, wie du kannst.

Innerer Raum für neue Verhaltensmuster

Wenn wir im Alltag immer wieder Aufmerksamzeit kultivieren und sogar eine regelmäßige Meditationspraxis etablieren, dann helfen wir unserem Gehirn aktiv dabei, neue und heilsame Denkstrukturen zu bilden.

Was im Buddhismus und in anderen Traditionen seit Tausenden von Jahren selbstverständlich ist, wird in den letzten Jahren auch durch Studien der Neurowissenschaft erforscht und belegt. Aktuelle Forschungsergebnisse der Universität Gießen und des Massachusetts General Hospital zu *Mindfulness Practice* zeigen deutliche Veränderungen der Hirnstruktur bei einer regelmäßigen Meditationspraxis. Die graue Masse an der Amygdala, die für die Verarbeitung von Stress und Angst zuständig ist, nimmt ab.

Dafür nimmt die Masse am Hippocampus und in Regionen, die für Selbstwahrnehmung, Mitgefühl, Empathie und Kreativität zuständig sind, zu. Um solche Ergebnisse durch Meditation zu erzielen, ist laut dieser Studien eine regelmäßige Praxis erforderlich. Es stellte sich heraus, dass Probanden schon nach sechs Wochen täglicher Übung deutlich messbare Veränderungen erfuhren. Damit einhergehend stieg ihr gefühltes Maß an Entspannung, Konzentration und Zufriedenheit. Bei erfahrenen Meditierenden, die mehr als 10.000 Stunden Praxis absolviert hatten, ließen sich all diese positiven Effekte noch um ein Vielfaches deutlicher nachweisen.

Die Regelmäßigkeit und Dauer der Praxis spielt also eine Rolle – allerdings musst du nicht direkt jeden Tag 60 Minuten lang meditieren. Fünf bis zehn Minuten am Tag reichen am Anfang schon aus, um einen spürbaren Effekt auf innere Klarheit, Entspannung und Konzentration zu kreieren. Dabei ist es ganz egal, ob du morgens, mittags oder abends übst, ob nach dem Aufstehen oder in der Mittagspause. Meditier einfach dann, wenn sich für dich die Möglichkeit bietet.

Die Hard Facts der Wissenschaft sind gut – doch der eigentliche Sinn der Meditationspraxis ist es, unseren Geist und seine Abläufe kennenzulernen. Nur so lernen wir auch uns selbst Stück für Stück besser kennen. Das eigene Egokonstrukt mit seinen Konzepten und Glaubenssätzen entwirrt sich und wir erhalten Einsichten in seine Struktur. Dann kann etwas sehr Schönes passieren: Auf einmal entsteht Raum für neue Sichtweisen und Gewohnheiten. Denn wenn wir weniger daran festhalten, wer wir denken zu sein oder sein zu müssen, dann können wir auch mit dem, was gerade ist, Frieden schließen. Wir haben dann nicht ständig das Gefühl, etwas zu verlieren, verteidigen oder optimieren zu müssen. Und nicht nur wir selbst profitieren davon, sondern auch die anderen Menschen in unserem Leben. Überleg dir einmal Folgendes: In dem Moment, in dem du dir selbst mehr Raum gibst, schenkst du diesen auch automatisch deinem Partner, deinen Eltern, deinem Kind, deinen Kolleginnen und Freunden. Du lässt ihnen dadurch mehr Raum dafür, so zu sein, wie sie sind. Vielleicht entsteht dadurch sogar auch mehr Raum für einen offenen Dialog, selbst wenn die Meinung anderer von deiner abweicht. Dann kommunizierst du nicht mehr mit vorgehaltener Waffe und dein Gegenüber muss dies auch nicht tun. Ihr begegnet euch als zwei Menschen im offenen Raum. Wäre das nicht schön? Vielleicht ist das wahre Stärke. Vielleicht ist es das, was Chögyam Trungpa das wahre Kriegerinnen- und Kriegertum nennt.

MAKE PEACE

Das Leben ist einfach zu kurz,

um im Krieg mit dir selbst zu leben.

Hör auf damit, negative Dinge über dich selbst zu denken.

Heute, morgen und den Tag danach.

Keine Ahnung, wer du dann bist,

aber dein Leben wird sich verändern.

Denn Frieden schafft Freiheit – und Freiheit

schafft neue Wege.

Affirmationen und Dankbarkeit: Fokussier dich auf das Positive

Mit den vorangegangenen Übungen und Meditationen sind wir bereits in Kontakt mit unserem Geist getreten und haben einen Blick auf unser Ego geworfen. Wir haben begonnen, alte Denk- und Verhaltensmuster zu hinterfragen. Die festgefahrenen Strukturen beginnen, sich aufzulockern. Um diese Lockerung weiter zu fördern und um alte Glaubenssätze noch ein Stück weiter aufzulösen, können wir mit positiven Affirmationen und aktiver Dankbarkeit arbeiten.

Was genau bedeuten diese zwei Begriffe? Positive Affirmationen sind bewusst formulierte Gedanken und Sätze, die wir uns selbst wiederholt sagen. Sie sind wie kleine Zaubersprüche, nur mit dem Unterschied, dass Affirmationen tatsächlich funktionieren. Sie sind keine Fantasie, sondern lenken den Fokus deines Geistes gezielt auf das, was du erreichen und erfahren möchtest – statt auf deine Ängste und Zweifel. Auf eine ähnliche Weise wirkt auch die Dankbarkeitspraxis: Sie lenkt unseren Fokus auf die Dinge in unserem Leben, die uns trotz aller Probleme bereits zur Verfügung stehen, um uns glücklich und freudvoll zu machen.

Vielleicht denkst du: *Moment mal. Soll ich mir jetzt etwas Positives einreden, obwohl meine Situation gar nicht positiv ist? Soll ich einfach dankbar sein und mich nicht beschweren, obwohl es ein Problem zu lösen gibt?* Nein – natürlich funktionieren Affirmationen und Dankbarkeitspraxis nicht auf diese naive Weise. Sie arbeiten stattdessen mit biologischen Prozessen im Gehirn, also damit, wie wir Informationen verarbeiten und abspeichern. Die Neurowissenschaft geht davon aus, dass unsere Gedanken und Erinnerungen im Gehirn in etwa so abgelegt werden, als wären sie ein Foto oder eine Akte. Je öfter wir eine Schublade mit so einer Akte öffnen, desto reibungsloser funktionieren die Scharniere und desto leichter haben wir auf sie Zugriff. Wenn wir eine Schublade nur lang genug immer wieder öffnen, springt sie uns mit der Zeit förmlich entgegen und präsentiert uns ihren Inhalt. Wenn wir also, geleitet von negativen Glaubenssätzen, allen voran unserem *Ich genüge nicht*, über lange Zeit negative Akten in unserem Gehirn angelegt und die entsprechenden Schubladen immer und immer wieder neu geöffnet haben, dann springen uns ständig Gefühle von Traurigkeit, Angst, Wut und Verunsicherung entgegen.

Nutzen wir aber stattdessen positive Affirmationen und lenken unsere Aufmerksamkeit immer wieder auf die Dinge, für die wir dankbar sind, so kreieren wir neue, positive Akten. Wenn wir diese Übungen dann oft genug wiederholen, können wir die Scharniere der Schubladen so geschmeidig werden lassen, dass uns immer mehr Freude, Glück und Wohlbefinden entgegenspringen. Wir programmieren unsere Wahrnehmung dann förmlich um.

Auf den nächsten Seiten findest du einige Übungen, die genau das bewirken. Sie sollen dir helfen, positive Gedanken zu formulieren, freudige Gefühle zu verstärken und die Schubladen voller negativer Glaubenssätze langsam, aber sicher einrosten zu lassen.

NEW YOU

Wie lange kritisierst du dich schon?

Was hat es dir gebracht?

Probier doch mal was Neues aus.

Rede gut mit dir.

Rede gut mit dir selbst

Für den Moment hilft es, wenn wir unsere Gedanken zur Veranschaulichung in zwei grundsätzliche Kategorien aufteilen: in kraftraubende und kraftspendende. Kraftraubende Gedanken speisen sich aus unseren negativen Glaubenssätzen. Ihre Konsequenz für unser Selbstbild zeigt sich in Aussagen wie die folgende: *Ich bin nicht gut genug, deshalb hat es keinen Sinn, dass ich mich auf meinen Traumjob bewerbe.* Kraftspendende Gedanken speisen sich aus Akzeptanz und Sanftmut für uns selbst. Als Konsequenz ihrer Wirkung auf uns sagen wir: *Hey, das, was ich mache, ist gut. Ich bin nicht perfekt, doch ich gebe mein Bestes. Ich bin es wert, meine Träume zu verfolgen. Eine Zu- oder Absage ändert nichts an meinem Wert.*

Beim Aufnehmen einer neuen Podcast-Folge kann ich diese innere Unterhaltung fast jedes Mal bei mir selbst beobachten. Ich denke mir dann: *Wer bin ich denn schon, dass ich hier Tipps gebe? Ich weiß noch viel zu wenig, ich muss viel mehr lernen, viel mehr praktizieren, viel mehr erkennen – erst dann bin ich bereit.* Doch zum Glück ertappe ich mich meist dabei. Dann sage ich mir: *Hey, ich gebe mein Bestes. Ich habe bereits einiges gelernt und erfahren. Ich bleibe bescheiden und reflektiert und werde alles dafür geben, dass diese Folge so gut wie möglich wird.* Dann nehme ich die Folge einfach auf und meistens fällt es mir dann viel leichter, entspannt zu bleiben. Das Umdrehen der negativen Aussagen über mich selbst in positive erscheint wie eine kleine Sache – doch sie trägt große Früchte.

LOVE

Wenn ich dich jetzt bitte,
alles aufzuzählen, was du liebst:
Wie lange würde es dauern,
bis du dich selber nennst?

Der wichtigste Mensch deines Lebens

Stell dir vor, du hättest einen Vertrauten, einen Berater, eine Fürsprecherin an deiner Seite. Jemanden, der dir jeden Tag aufs Neue sagt, wie wundervoll und großartig du bist. Stell dir vor, da wäre dieser Mensch, der alle deine dunklen Geheimnisse kennt, alle deine Schwächen und deine Trauer, aber auch alle deine Stärken, Qualitäten und alle deine Momente der Freude. Ein Mensch, der dir Liebe und Vertrauen schenkt, dir zur Seite steht und immer gut zu dir spricht. Wäre das nicht wundervoll? Ich habe eine gute Nachricht für dich: Es gibt ihn, er ist jetzt schon in deinem Leben. Dieser Mensch bist du – wenn du dir erlaubst, dieser Mensch zu sein.

Du kennst vielleicht die Aussage, man wäre so gut wie die fünf Menschen, mit denen man am meisten Zeit verbringt. Das mag sein. Doch die Beschäftigung mit deinem Umfeld lenkt deinen Fokus nur nach außen statt auf das Entscheidende: Schließlich bist du selbst der Mensch, mit dem du am allermeisten Zeit verbringst! Du bist der, mit dem du morgens aufstehst, zur Arbeit gehst, in den Urlaub fährst und dich abends schlafen legst. Der einzige Mensch, den du nicht wegschicken kannst. Dieser eine Mensch allein hat den allergrößten Einfluss darauf, wie du dein Leben wahrnimmst. Wir suchen immer nach Bestätigung und Zuspruch bei anderen, doch keine noch so wohlwollenden Worte können einen größeren Einfluss auf dich haben als deine eigenen. Der wichtigste Gesprächspartner in deinem Leben bist du selbst.

Nimm dir nun einen Moment bewusst Zeit und denke darüber nach, wie du mit dir selbst sprichst. Was für Worte, Phrasen und Formulierungen nutzt du? Was ist der Ton deiner Worte? Ist er freundlich oder hart, liebevoll oder wertend? Kann es sein, dass du mit keinem anderen Menschen so hart ins Gericht gehst wie mit dir selbst? Entwickle eine Aufmerksamkeit dafür, wie du mit dir sprichst – denn das ist ein Zeichen dafür, wie du über dich denkst.

ÜBUNG

Sei dir selbst dein bester Freund

Das nächste Mal, wenn du bemerkst, dass du nicht wohlwollend mit dir selbst redest, wenn du dich kleinmachst, statt dein eigener bester Freund und Berater zu sein, dann ersetze die negativen Worte durch positive. Erzähl dir selbst von dem, was du kannst, weißt und erreicht hast. Wenn dir das vorerst schwerfällt, dann erzähl dir von deinen guten Eigenschaften und von den Situationen, in denen du anderen Menschen eine Freude gemacht hast. Fang klein an oder mit den großen Dingen – wie es für dich passt.

Sei der Freund, der dir sagt, wie wunderschön dich deine Einzigartigkeit und deine markanten Züge machen. Der Freund, der dich einlädt, dich auszuruhen und dir selbst etwas Gutes zu tun. Der Freund, der keine Bedingungen stellt. Der Freund, der dir sagt, wie stark und wertvoll du bist, auch, wenn du dich gerade schwach fühlst. Der Freund, der deinen Wert nicht an Leistungen knüpft. Der Freund, der dich immer bestärkt, der dir Mut zuspricht, deine großen Pläne in die Tat umzusetzen. Der Freund, der dir das sagt, wonach du dich schon so lange sehnst: *Du bist gut, so, wie du bist. Ich liebe dich.*

Versuch es. Sag dir selbst diese magischen Worte:
Du bist gut, so, wie du bist. Ich liebe dich.
Sag es dir noch einmal:
Du bist gut, so, wie du bist. Ich liebe dich.

Bleib einen Moment in Stille und sei offen für das, was diese Sätze in dir auslösen.

ÜBUNG

Die Affirmation des Herzens

Lass uns noch einen Schritt weitergehen. Schließ deine Augen, atme sanft ein und aus. Leg eine Hand auf dein Herz und verbinde dich mit ihm. Wenn du die Verbindung zu deinem Herzen fühlen kannst, sprich mit viel Liebe, Vertrauen und Überzeugung die gleich folgenden Worte der Affirmationen. Es ist nicht ausschlaggebend, ob du sie laut in den Raum rufst oder sie nur leise in deinen Gedanken flüsterst. Die Hauptsache ist, dass du verbunden bleibst mit ihrer Bedeutung und mit dem Fühlen deines Herzens. Nimm dir für diese Übung all die Zeit, die du brauchst.

Sprich nun diese Affirmationen zu dir selbst:

Ich öffne mich der Schönheit meines Lebens.

Ich bin frei, das Leben zu lieben und zu genießen.

Ich lasse die Vergangenheit los und erlaube der Liebe, jeden Bereich meines Lebens zu heilen.

Ich bin stolz auf die Person, die ich bin.

Wiederhol jede Affirmation ein paarmal. Fühl, was sie in deinem Herzen bewirken.

HEALING

Wir müssen nicht uns ändern,

sondern die Art und Weise,

wie wir über uns denken.

ÜBUNG

Ein dankbarer Gedanke am Tag

Wann warst du dir das letzte Mal all der Dinge bewusst, für die du dankbar sein kannst?

Wenn du dir den Wecker für morgen früh stellst, schreib dir die Erinnerung *Ein dankbarer Gedanke* in dein Handy oder auf ein gut sichtbares Blatt Papier. Nimm dir dann ab jetzt für ein paar Tage vor, den ersten wachen Moment des Tages zu nutzen, um an etwas Schönes und Freudebringendes zu denken. An eine Erfahrung, an einen Menschen oder an einen Gegenstand, an ein Erlebnis von gestern oder etwas, auf das du dich heute freust. Etwas, das in deinem Leben bereits vorhanden ist, ohne dass du dafür reicher, intelligenter und raffinierter sein musst. Etwas, für das du einfach von ganzem Herzen dankbar sein kannst. Fühl, was dieser Gedanke mit dir macht. Genieß ihn. Wenn du möchtest, dann kannst du dir jeden Morgen diesen Start in den Tag aufs Neue schenken.

Mit Dankbarkeit den Alltag erhellen

Dankbarkeit ist nicht nur eine spontane Reaktion, wir können sie gezielt prakti-zieren und uns in ihr üben. Wenn wir ganz bewusst für etwas dankbar sind, dann empfinden wir das, was wir bereits in unserem Leben haben, als gut, als reichlich, als positiv. Wir entdecken und würdigen die Dinge in unserem Alltag, die uns Halt, Freude und Glück bescheren, auch, wenn wir vielleicht gerade eine schwie-rige Phase durchleben.

Allzu oft denken wir an unsere Probleme und Sorgen. Es ist zwar wichtig, diese anzuerkennen und sich ihnen zu widmen, doch lassen wir dabei das Positive gern außer Acht. So kommt es, dass uns das Wetter unseres Lebens oft bewölkter und grauer vorkommt, als es ist. Wenn wir uns erlauben, auch die Sonnenstrahlen am Himmel zu sehen, die uns wärmen und nähren, dann können wir die Umstände unseres gegenwärtigen Lebens *reframen*. Der Begriff *Reframing* kommt aus dem Systemischen Coaching und leitet sich von dem englischen *frame* ab, was über-setzt *Rahmen* bedeutet. Reframing heißt also wörtlich, den Dingen einen neuen Rahmen zu geben. Ein Bild kann in einem schönen Rahmen ganz anders auf uns wirken und genauso ist es auch mit unserem Alltag. Reframen wir also unseren Alltag, indem wir unsere Aufmerksamkeit auf die positiven Dinge in unserem Le-ben lenken, so nehmen wir eine neue Perspektive ein und erschaffen eine positive Wahrnehmung.

Der Yale-Professor Paul Bloom, der das Buch *How Pleasure Works* veröffentlicht hat, bewies, dass unser Nervensystem aus ein und demselben Input oder Erleb-nis völlig unterschiedliche Erfahrungen produzieren kann. Er untersuchte die Voraussetzungen, unter denen wir Freude und Vergnügen empfinden. Dafür ließ Bloom seine Probanden Wein durch einen Strohhalm trinken, während sie mit-tels MRT gescannt wurden. Über einen Bildschirm lieferte man ihnen vermeintliche Informationen über Preis und Art der, so wurde es suggeriert, verschiedenen Weinsorten, die sie tranken, obwohl sie jedes Mal ein und denselben Wein bekamen. Ihr Lustzentrum leuchtete auf wie ein Weihnachtsbaum, wenn sie annahmen, einen teuren oder seltenen Wein zu trinken. Der Frame, der Rahmen unserer Erfahrung, wirkt sich also unmittelbar aus. Was bei Wein funktioniert, lässt sich auf viele andere Bereiche des Lebens ausweiten. Wenn ich zum Beispiel nicht darüber jammere, dass ich heute so früh aufstehen musste, sondern mich freue, dass ich den Sonnenaufgang anschauen konnte, dann ist das meine Methode, ein hübsches Etikett auf die Flasche zu kleben. Es ändert zwar nichts an dem Umstand, dass ich früh aufstehen musste, dafür aber an der Art und Weise, wie ich diesen Umstand erlebte.

Ich musste vor ein paar Tagen tatsächlich um vier Uhr morgens aufstehen. Das war nötig, um rechtzeitig zu einem Vortrag zu kommen, den ich auf einem Kongress für Spiritualität und Achtsamkeit in München halten wollte. Müde stieg ich ins Taxi Richtung Bahnhof. Der Taxifahrer war ungefähr so freundlich wie ich wach, die Straßen überfüllt, die Bahnhofshalle überfüllt, der Zug überfüllt, nur die Tasse mit meinem bestellten Kaffee wurde mir halb leer serviert.

Nach über fünf Stunden Fahrt kam ich mit einiger Verspätung in München an. Ich hatte daher keine Zeit mehr, mich in Ruhe auf dem Kongress einzufinden und zu orientieren, denn ich musste direkt auf die Bühne. Ich war müde, genervt und kurz davor, meinen gesamten Vormittag als Katastrophe abzustempeln und damit eine große Portion negativer Gefühle in mir auszulösen.

Doch ich erwischte mich gerade noch selbst bei diesem Vorhaben und begann stattdessen, die Situation zu reframen. Ich erinnerte mich daran, wie dankbar ich war, dass ich ein Taxi zum Bahnhof nehmen konnte, denn sonst hätte ich noch früher aufstehen müssen. Ich erinnerte mich, wie dankbar ich war, im Zug einen

Sitzplatz reserviert zu haben und ich so stundenlang entspannt Musik hören und aus dem Fenster schauen konnte. Zuletzt erinnerte ich mich daran, wie unendlich dankbar ich dafür war, dass ich das, was ich liebe, meine Arbeit nennen darf und mich mit so vielen Gleichgesinnten treffen und austauschen kann. Ich erinnerte mich an die großartige Energie, die wir alle zusammen kreieren. Glücklich betrat ich die Bühne.

Kein Wunder, dass ich auf einmal von Glück überflutet wurde. Zahlreiche Studien zeigen, dass eine positiv orientierte Wahrnehmung von Ereignissen besonders eng mit einem glücklichen Leben verbunden ist. Die Dankbarkeitsforscher Robert A. Emmons und Michael E. McCullough kommen in ihrer Studie *Counting blessings versus burdens* zu dem Ergebnis, dass die dankbarsten Menschen unter uns auch die glücklichsten sind – und das beinahe unabhängig von sozialer Stellung, Einkommen und sogar gesundheitlichem Zustand. Dafür testeten sie über einen Zeitraum von einem Jahr mehrere Tausend Menschen aus jeweils gleichen beruflichen oder sozialen Gruppen auf ihr Wohlbefinden. Die eine Hälfte der Probanden hatte jeweils eine regelmäßige Dankbarkeitspraxis ausgeübt und die andere Hälfte nicht.

Die Ergebnisse zeigten, dass diejenigen Probanden, die eine Dankbarkeitspraxis ausgeübt hatten, glücklicher und gesünder waren als die aus ihrer Vergleichsgruppe. Um zu testen, ob sich Dankbarkeit nicht nur auf sozial oder gesundheitlich privilegierte Menschen positiv auswirkt, führten die Forscher die gleiche Studie auch mit chronisch kranken Menschen durch. Auch hier fanden sie die gleichen Ergebnisse.

Generell sind dankbare Menschen also nachweislich ausgeglichener, glücklicher und entspannter als ihre Mitmenschen. Dankbarkeitspraxis macht sogar zufriedener als finanzieller Erfolg: Unser Maß an Zufriedenheit steigert sich nur bis zu einem Jahresgehalt von etwa 65.000 Euro. Ab dieser magischen Grenze ist kein Zufriedenheitszuwachs durch Geld mehr messbar, im Gegenteil, die Zufriedenheit sinkt sogar, wenn wir mehr verdienen. Dies ergab die Studie *Happiness, income satiation, and turning points around the world* des Wissenschaftlers Andrew T. Jebb und seiner Kollegen.

Dankbarkeit ist also die große Wunderwaffe auf dem Weg zu emotionaler Ausgeglichenheit und mehr Glücksempfinden. Und du kannst sie trainieren wie einen Muskel! Als eine der effektivsten Trainingsmethoden hat sich das sogenannte Dankbarkeitstagebuch herausgestellt. So, als würdest du ein reguläres Tagebuch führen, notierst du dir dafür jeden Tag drei bis fünf Dinge, für die du in deinem Leben dankbar bist. Aus der Übung *Ein dankbarer Gedanke am Tag* kannst du also direkt zum Dankbarkeitstagebuch übergehen, wenn du möchtest. Leg dir dafür ein Journal an, zum Beispiel in Form eines Notizbuches oder als besondere Notiz in deinem Handy. In der nun folgenden Übung gehen wir die Praxis mit dem Dankbarkeitstagebuch gemeinsam Schritt für Schritt durch.

ÜBUNG

Das Dankbarkeitstagebuch

Nimm dir am Morgen nach dem Aufstehen oder am Abend vor dem Zubettgehen einen Moment Zeit für Reflexion. Ruf dir drei, vier oder fünf Dinge oder Erlebnisse ins Gedächtnis, für die du gerade dankbar bist. Das kann etwas ganz Alltägliches sein oder etwas völlig Außergewöhnliches. Es können Dinge oder Erlebnisse sein, die schon lange Zeit zurückliegen oder die gerade erst passiert sind. Wichtig ist, dass du dich mit dem Gefühl der Dankbarkeit verbindest, während du sie aufschreibst. Für jeden dieser Punkte kannst du dann noch ergänzen, warum genau du für sie dankbar bist. Ein Beispiel: *Ich bin dankbar für meine Nachbarin, da sie mir gestern, als es mir nicht so gut ging, Kuchen gebracht hat.* Auf diese Weise vertiefst du die Dankbarkeit und sendest deinem Gehirn zusätzliche Impulse dahingehend, vermehrt das Schöne in den kleinen Ereignissen des Alltags zu entdecken.

Dieses Dankbarkeitstagebuch kannst du von nun an regelmäßig führen, wenn du möchtest. Um feierlich damit zu beginnen, kannst du die hier folgenden Seiten im Buch für die Premiere nutzen. So bleibt sie dir immer erhalten und erinnert dich jedes Mal, wenn du dieses Buch in die Hand nimmst, an die Dinge, die dich glücklich machen.

Worauf wartest du? Fang *jetzt* damit an.

MEIN DANKBARKEITS-TAGEBUCH

MEIN DANKBARKEITS-TAGEBUCH

Die Gegenwart ist immer jetzt. Alles, was in der Vergangenheit war, fließt in sie hinein. Alles, was noch kommen wird, speist sich aus ihr. Du hast dir auf dieser Etappe der Reise angesehen, wie deine Vergangenheit sich immer wieder in dein Jetzt einmischt. Manchmal möchte sie dir weismachen, dass du jetzt noch nicht glücklich sein kannst oder darfst, und manchmal spült sie stattdessen einen Überfluss an Ressourcen in dein Jetzt. Du hast gelernt, den Unterschied zu erkennen und ihn zu nutzen. Die Mechanismen deines Geistes, die dir vorgaukeln, was du zu sein hast, konntest du untersuchen und hinterfragen. Der Sand im Wasserglas durfte sich absetzen. Vielleicht nur für einen Moment – doch das ist manchmal bereits genug für tiefe Einsichten. Du hast dir einen Moment der Freiheit im Jetzt geschenkt. Wenn sich deine alten negativen Glaubenssätze immer mal wieder zu Wort melden, so hast du jetzt neue Mittel an der Hand, um sie zu erkennen, anzunehmen und sie wieder gehen zu lassen. Ebenso weißt du jetzt, wie du positive Glaubenssätze formulieren kannst und dich neu ausrichtest. Auch wenn das Leben nicht immer so läuft und du nicht ganz so perfekt bist, wie du es dir vielleicht in deinen Träumen erhoffst, so gibt es keinen Grund dafür, nicht wertschätzend, liebevoll und gut mit dir selbst umzugehen. Sowieso ist dieses Perfektsein, das wir immer anstreben, nichts, was wirklich erstrebenswert ist. Eigentlich existiert es gar nicht. Das, was für den einen perfekt erscheint, ist für die andere langweilig. Es gibt also wirklich keinen Grund dafür, dein Jetzt nicht zu genießen, keinen Grund dafür, nicht stolz auf die Person zu sein, die du jetzt gerade bist. Und wenn du etwas ändern möchtest, dann tu es einfach – ohne ein *Ich genüge nicht*, stattdessen mit einem *Ich bin gut genug*.

Wie wäre es, wenn du jetzt aus dieser Zuversicht, aus diesem Gefühl der Fülle heraus, in eine neue Zukunft treten könntest? Wenn du beginnen würdest, sie so zu gestalten, wie du sie dir wünschst? Lass uns gemeinsam herausfinden, welche Bereiche deines Lebens jetzt neu gestaltet werden dürfen. Lass uns das Leben erschaffen, das du wirklich leben willst. Bist du bereit für den nächsten Schritt?

RISE UP

Wir können uns aus allem erheben.

Neu beginnen. Unser Leben neu erschaffen.

Uns neu erschaffen. Neue Entscheidungen treffen.

Neue Gedanken und neue Gewohnheiten etablieren.

Wir sind nicht hilflos.

ERSCHAFFE DIR DIE ZUKUNFT DEINER WÜNSCHE

Stell dir für einen Moment vor, du wärst angekommen in dem Leben, das du leben willst. Stell dir vor, dass deine Vergangenheit dich nicht mehr von deinen Träumen abhält. Stell dir das Gefühl vor, das dir diese Freiheit geben würde. Stell dir vor, du würdest am Morgen die Augen aufmachen und dich genau dort befinden, wo du sein möchtest, mit den Menschen, den Dingen und den Erlebnissen, nach denen du dich sehnst. Von dem Moment an, in dem du die Augen öffnest: Wie sieht ein Tag aus in genau diesem Leben?

ÜBUNG

Dein perfekter Tag

(▶ AUDIO)

Atme ein. Atme aus.

Stell dir für die nächsten Minuten deinen perfekten Tag so detailgetreu wie möglich vor. Die nachfolgenden Inspirationsfragen können dich dabei unterstützen. Lass sie wirken und nutze sie so, wie sie für dich hilfreich erscheinen. Wenn du möchtest, hör dir die Audioaufnahme dieser Übung an und lass dich von meiner Stimme leiten. Egal, wie du diese Übung nun machst, wichtig ist, dass du dir diesen Tag so vorstellst, als wäre er schon Realität geworden, als lebtest du bereits das Leben, das du leben willst.

Lass all deine Gefühle Teil dieser Übung sein. Die Freude, die Erfüllung, das Durchatmen – wie fühlst du dich, während du den Tag erlebst, den du genau so leben willst? Wenn du möchtest, schreib die Antworten zwischendrin oder am Ende der Übung auf. Nimm dir so viel Zeit, wie du brauchst. Mach die Übung gern zweimal hintereinander. Erst als Visualisierung und dann als Reflexion mit Notizen. Egal, wie du sie machst, bitte zensier dich nicht und setz dir keine Grenzen.

Stell dir nun vor, dass du deine Augen öffnest und in deinem perfekten Tag erwachst. Was siehst du, was fühlst du, was erlebst du? Sei voll und ganz da in dem Leben, das du leben willst.

Wo bist du?

- In welchem Land lebst du?
- Lebst du auf dem Land oder in der Stadt?
- Lebst du vielleicht an verschiedenen Orten der Welt?
- Wie sieht dein Zuhause aus? Erkennst du Möbel und Farben?
- Lebst du allein oder mit anderen zusammen? Mit wem?

Wie sieht dein Tagesablauf aus?

- Welche Gedanken hast du, wenn du morgens aufwachst?
- Wie fühlst du dich, wenn du morgens aufwachst?
- Wann wachst du morgens auf?
- Wachst du allein auf oder gemeinsam mit (einer) anderen Person(en)?
- Was tust du nach dem Aufstehen? (Sport, meditieren, Musik anmachen, duschen, frühstücken …)
- Womit verbringst du die meiste Zeit am Tag?
- Was sind deine Gedanken, wenn du dich abends ins Bett legst?
- Wie fühlst du dich beim Zubettgehen?
- Hast du Rituale, bevor du einschläfst?

Karriere

- Was arbeitest du?
- Bist du angestellt oder selbstständig?
- Ist dein Arbeitsplatz drinnen oder draußen?
- Wie sieht dein Arbeitsplatz aus? (Büro, Bühne, Sportplatz etc.)
- Wenn du einen festen Arbeitsplatz hast, was siehst du beim Blick aus dem Fenster?
- Vielleicht hast du auch keinen festen Arbeitsplatz, sondern kannst von überall aus arbeiten? Wie sieht das Überall aus?
- Hast du feste Arbeitszeiten?
- Wie viele Stunden am Tag arbeitest du?
- Reist du beruflich?
- Ist dein Beruf abwechslungsreich? Oder liebst du die Routine?
- Hast du Kolleginnen oder Mitarbeiter? Wie viele?
- Wie tauschst du dich mit diesen Kolleginnen oder Mitarbeitern aus? Habt ihr ein freundschaftliches Miteinander? Verfolgt ihr einen gemeinsamen Zweck?

- Wie fühlst du dich während deiner Arbeit?
- Hat deine Arbeit für dich einen tieferen Sinn? Wenn ja, welchen?
- Wie viel Geld verdienst du?
- Bist du finanziell unabhängig?
- Wenn ja, was bedeutet es für dich, finanziell unabhängig zu sein?

Beziehungen

- Wer sind deine Freunde? Was verbindet euch? Wie verbringt ihr eure gemeinsame Zeit?
- Hast du vielleicht schon deine eigene kleine Familie? Wenn ja, wie verbringt ihr eure gemeinsame Zeit? Wie ist euer Miteinander? Liebevoll? Fröhlich?
- Hast du eine Beziehung? Wie redet ihr miteinander? Was für Blicke und Berührungen tauscht ihr aus? Lacht ihr zusammen?
- Wie ist dein Verhältnis zum Rest deiner Familie?
- Wen kannst du nach Hilfe fragen, wenn du sie einmal benötigst?

Gesundheit

- Wie fühlst du dich in deinem Körper?
- Wie gut achtest du auf dich?
- Wie ernährst du dich?
- Wie viel Zeit und Aufmerksamkeit widmest du deinem körperlichen Wohlbefinden?
- Welche Rituale und Gewohnheiten hast du, die deinem Körper guttun?
- Wie achtest du auf die Signale deines Körpers?
- Wie pflegst du deinen Geist und deine Seele?
- Was für Gewohnheiten hast du, die dir helfen, mental gesund und ausgeglichen zu sein?
- Auf welche Weise redest du mit dir selbst?

Spiritualität

- Hast du eine Verbindung zu deiner spirituellen Seite? Wenn ja, wie erfährst du diese?
- Hast du spirituelle Rituale oder Praktiken? Wenn ja, was für welche?
- Wie nährst du deine Neugier, deine Sehnsucht, deine inneren Bedürfnisse?
- Wie viel Zeit und Raum gibst du deinem eigenen inneren Wachstum?
- Wie inspirierst du dich?
- Mit wem kannst du dich austauschen und gemeinsam wachsen?

Erfüllung

- Welche Träume erfüllst du dir?
- Welche möchtest du dir noch erfüllen?
- Welche schönen Sehnsüchte sind in deinem Tag vorhanden?
- Wie kannst du dich selbst verwirklichen?
- Wie fühlt sich das an?
- Wie ist es, in die Gesichter deiner Freunde und Familie zu schauen, wenn du deine Wahrheit lebst?
- Wie ist es, Fremden in die Augen zu schauen, wenn du deine Wahrheit lebst?
- Wie ist es, dich selbst im Spiegel anzuschauen, wenn du deine Wahrheit lebst?

Bleib noch einen Moment bei diesem Gefühl. So ist es, wenn du das Leben lebst, das du leben willst. Es ist nicht weit weg. Atme noch einmal tief ein und aus. Öffne nun sanft deine Augen. Wenn du möchtest, kannst du diese Übung das nächste Mal vor einem Spiegel machen. So kannst du dir am Ende wirklich in die Augen schauen und bildlich sehen, wie es ist, das Leben zu leben, das du leben willst.

LONGING

Wir alle tragen eine Sehnsucht in uns.

Sie ist das Flehen unseres Selbst,

das eigene Leben zu leben – wahrhaftig

und in vollen Zügen.

Sie manifestiert sich in unseren Tagträumen,

in denen für einen Moment die Zeit stillzustehen scheint

und wir in unseren Gedanken das Leben der Person leben,

die wir wirklich sein wollen.

Tagträume sind etwas Wunderschönes.

Denn was heute noch ein Tagtraum ist,

kann morgen dein Leben sein.

Wie sieht das Leben aus, das du leben willst?

Vielleicht hast du es gemerkt: Wenn du die Augen schließt, in dich hineinspürst und auf deine Gefühle und dein Herz hörst – dann weißt du, was du willst. Du kannst dein erfülltes Leben vor dir sehen, ganz klar, kannst es unmittelbar spüren und fühlen. Es ist so nah, dass du es greifen kannst. Diese Erfahrung ist keine Illusion, kein reiner Tagtraum. Es ist die Erfahrung deiner Schöpferkraft, deines Potenzials und der Kraft deiner inneren Ausrichtung. Vielleicht ist dir auch aufgefallen, dass du viele der Dinge, die du in deiner Vision gesehen hast, bereits jetzt in deinem Leben hast! Viele Menschen, Umstände und Dinge sind nämlich schon heute so, wie wir sie uns wünschen – denn unsere Schöpferkraft arbeitet schon immer, seit wir auf der Welt sind, stetig und unentwegt.

———————

Wenn du dir erlaubst, dir das Leben vorzustellen, das du leben willst, dann produzierst du Gedanken und Gefühle der Fülle. Du kommst in einen Zustand, der sich gut anfühlt. Damit dieser Zustand auch Substanz hat, ist es wichtig, dass du dir das Leben, das du leben willst, so konkret wie möglich ausmalst. Alles andere wäre nur ein vager Fluchtgedanke. Wir wollen aber nicht mehr länger fliehen, sondern uns sehenden Auges, ganz bewusst und in unserer ganzen Kraft auf all das hinbewegen, das wir uns in unserem Leben wünschen.

———————

An einigen anderen Punkten dieser Übung musstest du vielleicht aber kurz innehalten, da du Dinge in deiner Vorstellung entdeckt hast, die in deinem jetzigen Leben noch nicht so sind, wie du sie dir wünschst. Das ist okay. Wir bewegen uns weiter auf unser Ziel hin und eine Visualisierung wie diese hilft uns dabei, eine gute Landkarte zu zeichnen. Frag dich an diesen Stellen, die dir vielleicht ein mulmiges Gefühl geben: Haben sich in meine Vision alte Glaubenssätze eingeschlichen? Habe ich mich dabei erwischt zu denken: *Das geht eh nicht*, oder: *Ich habe das nicht verdient?* Diese Momente werden immer wieder kommen. Du hast es auf den vergangenen Etappen unserer Reise bereits erfahren: Wir sind grandios darin, uns immer wieder daran zu erinnern, was wir noch nicht haben, wer wir noch nicht sind und welche Träume wir noch nicht leben. Hierdurch reproduzieren wir ständig Gedanken und Gefühle von Mangel, die uns alles andere als gut fühlen lassen.

Doch das Positive ist: Du kennst jetzt die Mechanismen, durch die sie entstehen! Du kennst dein inneres Kind mit seinen Ängsten und Bedürfnissen, du kannst mit ihm sprechen und es heilen. Du hast auf der vergangenen Etappe gelernt zu erkennen, wann und wie die Vergangenheit sich in deine Wahrnehmung einschleicht und wie du damit umgehen kannst. Du hast erfahren, wie du diese Momente nutzen und ins Positive verwandeln kannst.

Sei dir also sicher, dass, auch wenn deine Zweifel und Ängste immer wieder einmal auftauchen, du sie erkennen und transformieren kannst. Die Aufgabe ist nicht, solche Momente zu unterdrücken, sondern sie ins Bewusstsein zu holen und mit ihnen zu arbeiten. Die Buddhisten sagen: „Jeden Morgen, wenn wir die Augen öffnen, bekommen wir ein neues Leben geschenkt" – und genauso ist es. Unser Leben schenkt uns immer wieder aufs Neue die Möglichkeit, auf unser Herz zu hören und, wenn wir das Bedürfnis verspüren, einen neuen Kurs einzuschlagen, um das Leben zu leben, das wir *wirklich* leben wollen. Von dem Moment an, in dem du die Augen öffnest, erschaffst du deine Lebensrealität. Du gestaltest deinen Tag neu –

und dadurch gestaltest du auch deine Zukunft, dein Leben, jeden Tag aufs Neue. Durch deine Gedanken, deine Gefühle, durch das, was du sagst, und natürlich auch durch das, was du tust.

Vielleicht geht es dir dabei manchmal so wie mir: Ich habe lange Zeit morgens die Augen geöffnet und dann Ziele verfolgt, die in Wahrheit nicht meine eigenen waren. Es waren Ziele, die andere Menschen für erstrebenswert halten – und die ich zu meinen machte. Warum? Weil ich – ob bewusst oder unbewusst – gehofft habe, dass, wenn ich nur genügend dieser Ziele der anderen erreicht hätte, ich in ihren Augen endlich genügen würde. Und wenn ich in ihren Augen genügen würde, könnte ich es vielleicht auch in meinen eigenen. Kennst du dieses Gefühl? Leider, oder besser zum Glück, kann ich sagen, dass das so niemals funktionieren kann. Sosehr wir auch versuchen zu gefallen, uns anzupassen, mitzuhalten oder zu kompensieren – wir werden nie allen anderen gefallen können. Und schlimmer noch, wir entfernen uns immer weiter davon, uns selbst zu gefallen.

In der vorangegangenen Übung hast du *deinen* perfekten Tag visualisiert, *dein* Leben, das *du* leben möchtest. In diesem Kapitel wollen wir nun gemeinsam an der Umsetzung dieses Traumes arbeiten. Und ist es dafür nicht das Naheliegendste, deine Zeit und Energie in das zu investieren, was für dich von Bedeutung ist? In dich zu investieren? In einen Tag, auf den du abends zufrieden zurückblicken kannst? In deine ganz persönliche Vision von einem bedeutungsvollen und glücklichen Leben? Schließlich gibst du dein Geld ja auch nicht für etwas aus, das dir nicht gefällt, richtig? Oder würdest du dir ein Konzertticket für eine Band kaufen, deren Musik du nicht magst? Nein, würdest du nicht! Deine Energie, deine Aufmerksamkeit und deine Zeit sind deine wertvollste Währung. Nutze sie für dich, für ein Leben, das für dich von Bedeutung ist. Lass uns damit beginnen, deine Zukunft zu erschaffen.

PARTS

Wir sind keine eindimensionalen Wesen.

Jeder von uns trägt so viele verschiedene Anteile in sich,

so viele Talente und Bedürfnisse.

Mal ist der eine Anteil lauter, mal der andere.

Wichtig ist, dass wir allen Gehör schenken.

Du bist nicht nur Angestellter, Selbstständige,

nicht nur Mutter oder Vater. Du bist auch Poet,

Reisende und Lebenskünstlerin.

Welche Sehnsucht spürst du in dir?

ÜBUNG

Wo stehst du?
Das Rad des Lebens

Wenn wir uns das Leben, das wir leben wollen, innerlich vorstellen, hilft uns das beim Entwurf einer inneren Landkarte. Wir definieren unser Ziel, markieren es mit einem großen, roten *X* und sind voller Inspiration, bereit, sofort loszulaufen. Doch jede noch so klar gezeichnete Landkarte ist nutzlos, wenn wir nur sehen, wo das Ziel ist – ohne zu wissen, an welchem Punkt wir eigentlich starten! Wir müssen daher genauso klar auf der Karte markieren, wo wir uns gerade befinden. Das *Rad des Lebens* ist eine kraftvolle und effektive Übung, die genau diesem Zweck dient. Sie zeigt uns, wie zufrieden und erfüllt wir in den verschiedenen Bereichen unseres gegenwärtigen Lebens sind, und gibt uns damit eindeutige Startpunkte. Von ihnen ausgehend, können wir dann unsere innere Landkarte optimal für die Reise zu dem visionär definierten Ziel nutzen.

Nimm dir für diese Übung ausreichend Zeit und lass dich ganz auf sie ein. Wie in der vorangegangenen Visualisierung wirst du vielleicht auch hier auf einige Aspekte deines Lebens treffen, die nicht so gut aufgestellt sind, wie du es dir wünschst. Das ist in Ordnung, es geht uns allen so, und in dieser Übung sind gerade diese Punkte die wichtigsten Wegweiser. Sei also offen, ehrlich und herzlich zu dir selbst. Im Folgenden findest du eine Grafik, die dir das Rad des Lebens zeigt. Du kannst direkt mit dieser Grafik arbeiten oder sie auf ein Blatt Papier übertragen. Der große Kreis, unser Lebensrad, wird in acht Felder unterteilt, die für bedeutende Bereiche deines Lebens stehen:

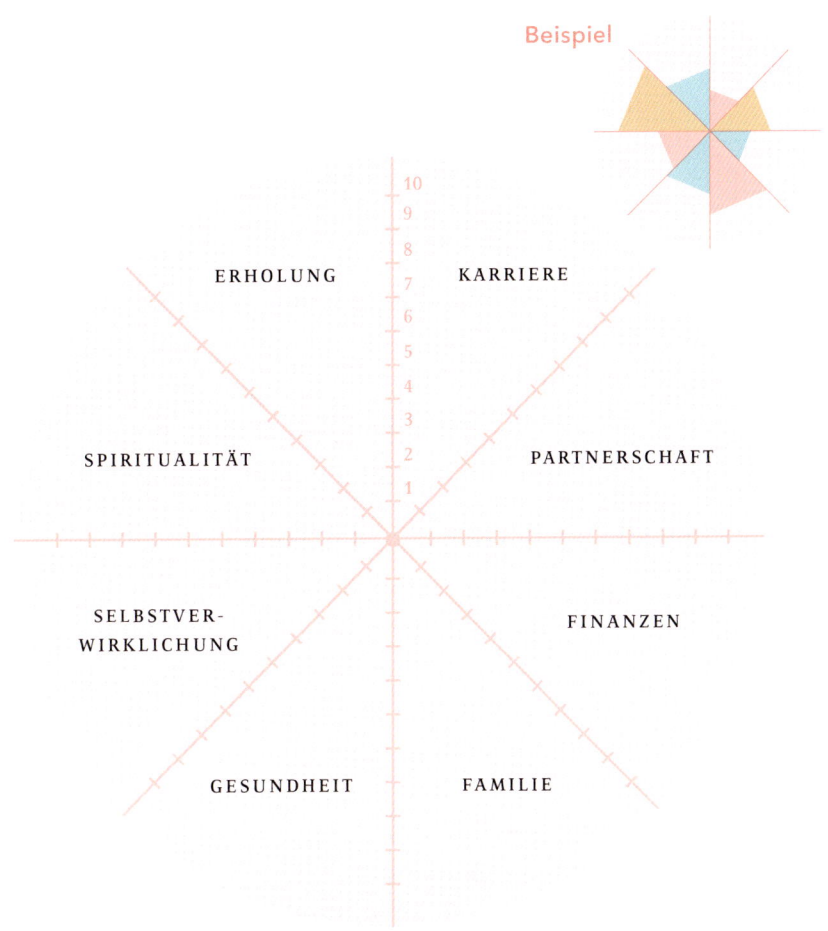

Sollte einer dieser Bereiche für dich nicht von großer Bedeutung sein oder solltest du einen anderen Bereich, der hier nicht aufgeführt ist, schmerzlich vermissen, dann gestalte dir das Lebensrad gern so, dass es für dich und deine Situation passt. Es kann auch aus mehr oder weniger als acht Feldern bestehen. Es ist dein Leben, also ist es auch dein Rad des Lebens!

Nimm dir nun ein paar Momente Zeit. Atme tief ein und aus, sammel und fokussier dich. Du siehst, dass die einzelnen Teile des Rades mit einer Skala von 1 bis 10 versehen sind. Die 1 steht für *sehr wenig* bis *überhaupt nicht* und die 10 für *die absolute Erfüllung* und *perfekt*.

Betrachte nun dein Rad des Lebens und beginn mit dem ersten Bereich: Wo befindest du dich gerade in deinem Leben, was diesen Teil angeht? Ist es eher eine wackelige 3, eine zufriedenstellende 5, eine erfreuliche 7? Markier die passende Zahl. Wenn du möchtest, kannst du den jeweiligen Bereich auch farblich schraffieren oder ausmalen. Schreite nun durch dein Rad des Lebens und reflektier alle Bereiche nacheinander. Nimm dir ruhig etwas Zeit, grübel aber nicht zu viel nach. Meist wissen und spüren wir sehr schnell, wie glücklich und erfüllt wir in bestimmten Dingen sind. Vertrau deiner Intuition.

Wenn du alle Bereiche auf der Skala bewertet hast, nimm dir einen Moment Zeit und betrachte dein Lebensrad als Ganzes. Was stellst du fest? Was hast du entdeckt? Wie fühlt es sich an, deine innere Welt als äußere Bestandsaufnahme vor dir zu sehen?

Vielleicht wirst du sehen, dass dein Lebensrad als Ganzes betrachtet einige Ecken und Kerben hat – kein Wunder, dass nicht alles rund für dich läuft! Um bei diesem Bild zu bleiben, können wir sagen, dass es unser Wunsch und unser Ziel ist, das Lebensrad so ausgeglichen und so weit ausgedehnt wie möglich zu gestalten. Dann kommen wir auf unserem Weg zum Ziel schnell und sicher an und können auch über unwegsames Gelände gut manövrieren.

Doch womit fangen wir an? Um dir diese Frage zu beantworten, kannst du zuerst ein bestimmtes Feld deines Lebensrades identifizieren, das dir besonders am Herzen liegt. Das muss nicht unbedingt ein Feld sein, bei dem du eine niedrige Zahl auf der Skala markiert hast, denn manchmal ist es völlig okay, einen bestimmten Bereich kurz ruhen zu lassen und sich ihm später zu widmen. Such dir also einen Bereich heraus, der dir in diesem Moment etwas Besonderes bedeutet, in dem du einen konkreten Wunsch hast oder in dem der Leidensdruck, den du empfindest, gerade besonders spürbar ist. Nun überleg dir:

Was kann ich tun, um in diesem Bereich von meiner jetzigen Zahl auf die nächsthöhere zu kommen?

Du merkst: Es geht nicht darum, sofort zur totalen Erfüllung, also zu einer 10, gelangen zu müssen! Wir widmen uns dem nächstmöglichen kleinen Schritt, der zu einer messbaren Verbesserung führen kann. Dieser kleine Schritt kann etwas ganz Banales sein: ein Anruf, eine Verabredung, ein Arzttermin, der Kauf eines Buches oder das Absagen eines bestimmten Termins. Es kann aber auch etwas sein, das ein wenig umfangreicher ist, wie die Entscheidung für ein bestimmtes Projekt, das Reduzieren von einigen Verpflichtungen oder die Mitgliedschaft im Yogastudio.

Aber denk auch hier in kleinen Schritten. Es ist besser, von einer 3 auf eine 3,5 zu kommen und dann neu zu fragen: *Was kann ich jetzt als Nächstes tun?*, anstatt von der 3 direkt zur 6 springen zu wollen – und dann vielleicht an dem Vorhaben zu scheitern und entmutigt zu werden.

Wenn du dies für einen Bereich getan hast, kannst du zum nächsten übergehen. Du musst dich nicht direkt allen Teilen des Rads widmen, such dir zwei oder drei aus und mach dort die ersten Schritte. Das Momentum, das du dadurch gewinnst, wird dich für die nächsten Schritte antreiben.

LIFE

Was für ein Leben ich führe?

Das kann ich dir nicht sagen.

Wie die Linien, die die Innenfläche meiner Hand zeichnen,

verläuft auch mein Weg nicht gerade,

ist nicht mit Schablone gezeichnet.

Ich folge meinem inneren Ruf. Nach mehr Freiheit,

nach mehr Ehrlichkeit, nach weniger Angst.

Immer wieder ändere ich die Zukunft.

Ändere mein Leben.

So viele habe ich bereits gelebt

und noch mehr werden kommen.

Von Glück bringenden Begleiterinnen

Um dir dabei zu helfen, die kleinen und effektiven Schritte auf dem Weg zum rund laufenden Lebensrad zu gehen, ohne den Mut zu verlieren, kannst du dich der Erfüllungsgehilfinnen bedienen. Die Arbeit mit ihnen bringt Freude, Sinn und eine Menge Spaß in deinen Alltag. Sie können dir als Anker, Inspiration und Partner auf dem Weg dienen. Die Erfüllungsgehilfinnen sind schöne, Freude stiftende Aktivitäten und Aktionen, mit denen du das Land der Tagträume verlässt und sie beginnst, in dein Leben zu holen. Es sind Dinge, die dich inspirieren, dich stützen und dir lebensbejahende Energie schenken.

Eine Erfüllungsgehilfin kann das Eingehen einer hilfreichen Beziehung sein, ein neues oder altes Hobby wie das Gitarrespielen, eine Leidenschaft wie das Schreiben von Gedichten oder Reisen, ein soziales Engagement, Meditation, ein Projekt im Job – und vieles, vieles mehr. Alles, was dich begeistert, was dich interessiert, was von Wert für dich ist, was dein Herz berührt und deine Leidenschaft weckt, ist eine potenzielle Erfüllungsgehilfin. Es ist wichtig und unglaublich hilfreich, eine oder mehrere von ihnen zu identifizieren und sie in dein Leben zu holen. Mit ihrer Hilfe lassen sich Durststrecken und Täler besser überstehen und Gipfel und Glücksmomente noch intensiver genießen.

ÜBUNG

Die Erfüllungsgehilfinnen

Schritt 1: Suche sie, finde sie, benenne sie

Bei der Suche nach deinen Erfüllungsgehilfinnen ist eins entscheidend: Schließ nichts aus! Wenn du dich für eine Sache begeisterst, wenn dich der Gedanke an etwas berührt, dann bitte such nicht sofort Gründe dafür, warum das nichts für dich ist, du das nicht könntest oder solltest und warum das sowieso nicht klappen kann. Ich weiß, wir alle sind immer ziemlich gut darin, Dinge kleinzureden. Du musst aber nicht malen wie Picasso, damit dir Malen Freude bereitet, du musst nicht singen wie Prince, damit Musik zu machen dich berührt, und du musst auch keine eigene Folge bei *Chef's Table* haben, um mit Liebe und Erfüllung für dich und andere zu kochen.

Mach dir selbst das Geschenk, deine Zeit mit Dingen zu verbringen, die kein anderes Ziel verfolgen, als dass du dir selbst, deiner Freude und deiner Leidenschaft Ausdruck verleihst, ohne Zensur und ohne Wetteifer. Es ist wahnsinnig befreiend, etwas völlig ohne Vergleich, einfach nur aus Freude an der Sache zu tun. Aus dem einzigen Grund, dich inspirieren und berühren zu lassen. Ohne Wertung oder Zielsetzung. Es ist erfüllend, in Kontakt mit dem eigenen Potenzial zu kommen, sich voller Freude auszudrücken.

Vielleicht weißt du schon genau, was deine Erfüllungsgehilfinnen sind, und es sprudelt förmlich aus dir heraus. Vielleicht brauchst du ein paar Momente. Wichtig ist nur: Alles ist erlaubt, alles ist gut, alles ist richtig. Schließ deine Augen und schau in dich hinein. Fühl das, was in dir brodelt, deutlich oder ganz subtil.

Wenn du so weit bist, öffne deine Augen und schreib auf, was du erfahren hast. Du kannst hier drei Erfüllungsgehilfinnen notieren:

Schritt 2: Hauche deinen Erfüllungsgehilfinnen Leben ein

Nutze nun diesen Moment der Freude und Inspiration, um dir selbst jetzt und hier ein Versprechen zu geben. Gib dir dieses Versprechen mit vollem Herzen. Vielleicht magst du dafür in den Spiegel schauen oder dir selbst die Hand reichen – gib dir dieses Versprechen so, als ob du einen heiligen Bund mit dir selbst eingehen würdest. Sprich die folgenden Worte zu dir selbst dreimal hintereinander, wie einen uralten, geheimen Zauberspruch:

Ich gebe mir das Versprechen, mir in den nächsten 21 Tagen mindestens 15 Minuten Zeit täglich zu schenken, um mich jeden Tag mindestens einer meiner Erfüllungsgehilfinnen zu widmen.

Ich gebe mir das Versprechen, mir in den nächsten 21 Tagen mindestens 15 Minuten Zeit täglich zu schenken, um mich jeden Tag mindestens einer meiner Erfüllungsgehilfinnen zu widmen.

Ich gebe mir das Versprechen, mir in den nächsten 21 Tagen mindestens 15 Minuten Zeit täglich zu schenken, um mich jeden Tag mindestens einer meiner Erfüllungsgehilfinnen zu widmen.

Schließe nun den Pakt mit dir selbst, indem du dreimal laut in die Hände klatschst. Der Bund ist jetzt besiegelt. Wenn du möchtest, leg den Pakt mit dir selbst nun auch schriftlich fest:

Ich, _____ , verspreche, mir die nächsten 21 Tage pro Tag mindestens 15 Minuten Zeit für _____ zu schenken.

Unterschrift _____

Es heißt, dass das, was wir 21 Tage lang jeden Tag tun, zu einer Gewohnheit wird. Ob das nun wissenschaftlich betrachtet genau so ist oder nicht, das spielt keine große Rolle. Was eine Rolle spielt, ist dein Wort, dein Versprechen.

Okay: Vielleicht denkst du, dass 15 Minuten nicht viel sind, für 15 Minuten lohnt es sich nicht, ins Fitnessstudio zu fahren – deshalb sei kreativ. Mach zu Hause Sport, zum Beispiel mit einer App oder mit Video-Tutorials. Oder verwandle die 15 Minuten an manchen Tagen in 60 und fahr ein, zweimal die Woche ins Fitnessstudio! An den freien Tagen hast du dann eine Viertelstunde für eine andere Erfüllungsgehilfin. Wenn du dich für etwas interessierst, was noch komplettes Neuland für dich ist, dann investier deine 15 Minuten pro Tag, um dich zuerst einmal zu informieren. Du willst Gitarre spielen lernen? Informier dich über günstige Einsteigergitarren oder leih dir eine.

Du willst dich weiterbilden? Kein Problem. Hör dir Vorträge zu dem Thema, das dich interessiert, an oder lies einen Artikel und Bücher dazu. Du willst eine positivere Beziehung zu dir selbst? Arbeite mit Affirmationen. Du wolltest schon immer auf die Bühne? Schließ dich einer Amateurtheatergruppe an. Probier dich bei deinen Freunden aus. Wenn du meditieren möchtest, tu es. Setz dich hin, schließ für drei Minuten die Augen, atme und schau, was passiert. Dann schreib ein paar Gedanken auf und meditier noch einmal drei Minuten. Schon sind deine 15 Minuten mit deiner Erfüllungsgehilfin um. Doch erinner dich: Du hast dir „mindestens" 15 Minuten versprochen! Alles, was dich erfüllt, ist erlaubt – auch mehr Zeit.

Entscheidend ist, dass du dir Ausdruck verliehen hast. Wenn du Zeit mit Dingen verbringst, die dich begeistern, hast du in diesem Moment schon gewonnen. Einige unserer Erfüllungsgehilfinnen werden uns so sehr begeistern und fesseln, dass wir ihnen immer mehr Zeit widmen möchten. Sie werden vielleicht sogar zu lebenslangen, Glück bringenden Begleiterinnen.

CHANGES

Veränderung braucht Raum.
Ich mach Platz für das, was ich will,
und lass los, was ich nicht mehr brauche.
Jeden Tag ein bisschen mehr.

Von Hürden und Hindernissen – und wie du sie überwindest

Deinem Herzen zu folgen, ist nicht immer der einfachste Weg. Manchmal erfordert die eigene Route ganz schön viel Mut. Wir müssen Veränderungen anstoßen, vor denen wir Angst haben und bei denen der Versuch, sie zu verwirklichen, uns vor Probleme stellt. Wir wollen lernen, uns auf Liebe und Freude hin auszurichten, doch wir haben Angst vor dem Unbekannten, das hinter der Veränderung liegt.

Doch ganz egal, welche Veränderungen du dir wünschst, sei dir gewiss: Du kannst das! Du tust es bereits ständig, jeden Tag, unaufhaltsam. Du bist eine Expertin, ein Experte der Veränderung. Um dir zu erläutern, was ich damit meine, möchte ich dich zu einem kurzen Experiment einladen: Schließ deine Augen und nimm drei tiefe Atemzüge. Beobachte deine Gedanken. Sieh, wie die Gedanken kommen und gehen. Jetzt such dir einen einzelnen Gedanken aus und versuch ihn festzuhalten. Für drei Minuten. Dann öffne deine Augen wieder.

Wahrscheinlich hast du während des Experiments gemerkt, dass deine Gedanken sich ständig verändern und dass es wahnsinnig schwierig ist, einen Gedanken festzuhalten. Das geht uns allen so, denn die Natur unserer Gedanken und Emotionen und Gefühle ist es, sich ständig zu verändern. Erinnerst du dich an das kleine Äffchen im Kopf? Wenn also die Art und Weise, wie wir die Welt und uns selbst sehen, sich ständig verändert, dann ist die Schlussfolgerung, dass unser Leben sich ständig verändert. Es gibt also keinen Grund dafür, die Veränderung zu scheuen. Veränderung ist das Normalste auf der Welt, es ist unsere Natur. Du bist ständig in Veränderung, du musst Veränderung nicht erst lernen. Etwas festzuhalten, alles immer gleich lassen zu wollen, im Käfig zu leben, ist also anstrengend und einfach auch unmöglich. Dieses vergebliche Festhalten ist einer der Gründe für die vielen inneren und äußeren Konflikte. Doch obwohl sie so natürlich sind, schrecken wir vor Veränderungen, mutigen Schritten und großen Wünschen so oft zurück. Aus vollem Herzen zu träumen – das erlauben wir uns vielleicht. Doch aus vollem Herzen zu leben – das macht uns Angst. Wir reden uns ein, wir wären zu klein und unsere Sehnsucht zu groß. Deshalb bleiben wir zu oft in unserer kleinen, überschaubaren Welt, in unserer Komfortzone. Doch diese Komfortzone ist entgegen ihrem Namen überhaupt nicht komfortabel. Sie macht uns zu einem Vogel, der im Käfig lebt, statt seine Flügel auszubreiten und zu fliegen.

Jedes Mal, wenn wir uns erneut für den Käfig entscheiden und unsere Flügel nicht ausbreiten, lernt unser Gehirn, dass das angeblich die *gute* Lösung ist. Es stellt eine positive Verbindung zwischen *Nicht-Fliegen* und vermeintlicher Sicherheit her. Denn wir sind *nicht geflogen* und deswegen ist uns *nichts passiert*. Wir haben überlebt, wir haben keinen Schaden genommen. Unser Gehirn schließt daraus: Nur hier in meinem Käfig ist es sicher. Hier bekomme ich keine Jobabsagen. Hier wird mein Herz nicht verletzt. Hier bekomme ich keinen Gegenwind. Hier muss ich mich nicht anstrengen. Hier muss ich nichts Neues lernen. Hier muss ich mich nicht verändern. Und ja: Wer nicht fliegt, kann nicht fallen. Doch wer nicht fliegt, wird auch nie die Weite der Welt sehen und die Luft unter den Flügeln spüren. Wer nicht fliegt, wird auch nicht seine wahre Natur leben, denn keiner von uns ist gemacht für ein Leben im Käfig. Du hast ein Herz, um es aufzumachen, so wie die Tür des Käfigs. Du hast Kraft, um das zu bewegen, was dir wichtig ist. Du hast Bedürfnisse, um ihnen zu folgen und ein Stück näher zu dir selbst zu kommen, und du hast Träume, um sie wahr werden zu lassen, um etwas zu verändern, in deinem Leben, im Leben der Menschen um dich herum und in der Gesellschaft. So wie der Vogel gemacht ist für ein Leben außerhalb des Käfigs, genauso bist du gemacht für ein Leben außerhalb deines Gefängnisses.

THE WAY YOU MOVE

Es ist okay,

auch mal einen Schritt zurückzugehen.

Du nimmst Anlauf.

Mach deine Probleme nicht größer, als sie sind

Lass dich von Unwägbarkeiten nicht entmutigen, lass dich von ihnen nicht abhalten, deine eigenen Spuren in dieser Welt zu hinterlassen. Jede Unwägbarkeit mag dir als Problem erscheinen – doch jedes Problem ist nur so lange ein Problem, bis du eine Lösung gefunden hast. Um es noch etwas komplizierter, aber eigentlich ganz einfach zu machen: Das Problem ist nicht, dass du ein Problem hast, sondern dass du keine Lösung hast. Das gilt übrigens für jede Art von Problemen, von den kleinen bis hin zu den großen. Auch für die, die sich wie eine übermächtige Drohkulisse aufbauen und ihre langen Schatten auf deinen Weg werfen.

Unsere Ängste nähren sich durch unsere Aufmerksamkeit. Das heißt, unsere Angst vor den potenziellen Gefahren nährt sich von unserem ständigen Grübeln über sie. Je mehr Aufmerksamkeit diese Angst bekommt, je mehr wir uns zum Beispiel einem *Ich schaffe das eh nicht* oder einem *Was alles passieren könnte* widmen und je besser und raffinierter wir darin werden, Gründe dafür zu finden, dass eh alles schwierig und aussichtslos ist, desto mehr geraten wir wieder mal in unsere Spirale aus negativen Assoziationen und Glaubenssätzen. Sie dreht sich und dreht sich in unserem Kopf, bis sie uns in eine Art Trance versetzt. Wir wälzen und wenden uns, man könnte fast sagen, wir marinieren in unserem Problem, bis es uns komplett umhüllt und wir in Handlungsunfähigkeit verfallen. Unser Blickfeld verengt sich zusehends, bis wir nicht mehr unseren Weg, sondern nur noch das Problem sehen. Wir führen einen inneren Dialog, der sich nur um das Problem dreht und uns absolut nirgendwo anders hinführt. *Warum musste mir das passieren? Warum habe ich immer Pech? Das ist so nervig! Wie soll ich das bloß schaffen?* Wir ersticken uns selbst in Hilflosigkeit. Im Systemischen Coaching wird dieser Zustand *Problemtrance* genannt. Wenn wir in ihr gefangen sind, scheint es keinen Ausweg zu geben. Alles wirkt festgefahren und unlösbar. Doch das ist der Blick durch die Brille unserer Problemtrance, der die wahren Fakten verschleiert und einfärbt. In Wirklichkeit kann die Lösung ganz nah sein – wir müssen nur die Brille wechseln, um sie sehen zu können.

Wenn du für einen Moment die Problemtrance loslassen kannst, können sich unerwartete Lösungen und ein frischer Blick auf die Umstände ergeben. Wichtig ist es hier zu betonen, dass wir nicht Probleme leugnen oder sie außer Acht lassen wollen. Es geht vielmehr darum anzuerkennen, dass wir wahre Problemexperten sind, und uns dann für einen kurzen Moment auf diesen Lorbeeren auszuruhen. Juhu – wir sind sogar Problemmeister! Dieser Titel ist uns sicher. Vielleicht können wir jetzt, damit der Schrank mit den Trophäen noch voller wird, auch zusätzlich gut im Lösen werden?! Was hier so ironisch formuliert ist, ist ein wichtiger psychologischer Vorgang. Steve de Shazer, der Vater der sogenannten lösungsfokussierten Kurzzeittherapie, hat – frei zitiert – gesagt: „Der Lösung ist das Problem egal." In dem Moment, in dem die Lösung entsteht, löst sich das Problem auf. Daher – wen wundert's? – das Wort *Lösung*.

Durch das bewusste Fokussieren auf eine potenzielle Lösung aktivierst du die Areale in deinem Gehirn, die in der Vergangenheit schon öfter bei der erfolgreichen Lösung eines Problems beteiligt waren. Diese Areale kennen sich also mit Lösungsfindung aus und beschleunigen mit ihrem Know-how deine Suche. Erinner dich, wie du kleine und große Hürden in deinem Leben bereits überwunden und Aussichtslosigkeit in Perspektive verwandelt hast. Erinner dich, wie du bereits unzählige Male Lösungen gefunden und Schwierigkeiten aufgelöst hast. So holst du die Lösungsressourcen aus deinem Unterbewusstsein heraus und so werden sich dir auch für deine aktuelle Lage die unterschiedlichsten Lösungswege auftun. Dein Geist beginnt, sich erneut zu drehen – doch dieses Mal auf eine konstruktive Weise. Dies ist ein Zustand, in dem sich alle aus deinen Erlebnissen und Erfahrungen gesammelten Ressourcen miteinander verschwören, um dir zu helfen. Diesen Zustand nennen wir *Lösungstrance*.

POWER

Vergiss nicht:

Du hast die Macht,

die Zukunft zu ändern.

ÜBUNG

Aus der Problemtrance in die Lösungstrance

Die nun folgende Übung ist speziell dafür gedacht, dir aus einem ganz vertrackten Problem herauszuhelfen. Sie beschäftigt sich dabei nicht mit den verschiedenen Facetten und Faktoren des Problems, beleuchtet es nicht von allen Seiten, dreht und wendet es - nein, diese Übung arbeitet mit dem Problem als kompaktem *Ding* und nimmt ihm damit seine zermürbende Macht. Sodann zeigt sie dir, wie du den so entstandenen freien Raum nutzen kannst, um deine Lösungsfindung zu aktivieren. Sie hat also zwei Teile, die du allerdings später auch getrennt voneinander machen kannst. Leg dir für den zweiten Teil am besten gleich zu Beginn der Übung etwas zum Schreiben bereit, du wirst das am Ende brauchen, um deine Erfahrungen festzuhalten.

Teil 1: Der Problemzoom

Oft sehen wir unsere Probleme in Form von inneren Bildern. Diese können sogar zu Fotostrecken oder Filmen werden. Wir sehen Menschen, Situationen und Szenarien und hören dazu vielleicht auch bestimmte Worte oder Phrasen. Wenn wir uns in der Problemtrance befinden, werden wir in diese Bilder hineingesogen. Lass uns nun mit dem Gegenteil experimentieren!

1. Ruf dir dein Problem als Bild, Diashow oder als Film vor dein geistiges Auge. Schau es dir in Ruhe an. Sieh die Farben, hör die Worte. Nimm wahr, wie das Problem dein gesamtes Sichtfeld ausfüllt und du vielleicht sogar ein Teil des Schauspiels bist.

2. Werde jetzt zum Betrachter dieses Problems. Lass das Szenario vor deinem geistigen Auge schrumpfen. Sieh zu, wie es kleiner und kleiner wird. Von der Größe eines Schrankes zur Größe eines Posters, dann zur Größe eines Buches, bis es nur noch die Größe einer Briefmarke hat. Lass dir hierfür Zeit und beobachte, wie sich dein Verhältnis zu diesem immer kleiner werdenden Problem verändert.

3. Sieh nun zu, wie das geschrumpfte Problem sich immer weiter entfernt – bis es nur noch ein kleiner schwarzer Punkt in der Ferne ist. Es ist noch da, wenn du es so willst, doch es ist nun nur ein Teil der riesigen Weite deiner ganzen Erfahrung und Wahrnehmung.

4. Wiederhol diese Übung einige Male. Ruf dir dafür dein Bild, deine Diashow oder deinen Film wieder zurück vor dein geistiges Auge. Lass das Problem wieder dein ganzes Wahrnehmungsfeld einnehmen. Nimm wahr, wie du dich fühlst. Nun reduzier die Größe des Problems, lass es immer weiter schrumpfen, bis es fast unmerklich klein geworden ist. Wenn du willst, kannst du diesen Prozess beschleunigen und von Mal zu Mal das Problem schneller und dynamischer schrumpfen lassen. Probier dabei gern aus, deinen Körper und deine Stimme mit in den Prozess zu bringen: Lass das Problem mit viel Schwung und Energie kleiner werden, klatsch dabei in die Hände und ruf etwas wie *Oh!* oder *Hey!* dabei aus. Hab Spaß damit! Beobachte, wie du dich dabei fühlst.

Teil 2: Der Tag der Lösung

Nachdem du den ersten Teil einige Male wiederholt hast, lass das Bild und die Übung ganz los. Für den zweiten Teil erleben wir gemeinsam die Wirkung eines Zauberspruchs. Ja, ganz genau. Diese Übung ist der Visualisierung zu Beginn dieser Etappe sehr ähnlich – du bist also schon geübt.

Stell dir nun mit geschlossenen Augen vor, wie du den heutigen Tag beendest, deine Abendroutine absolvierst, wenn du eine hast, und dich dann ins Bett legst. Du schließt deine Augen und verfällst in einen tiefen, ruhigen Schlaf. Während du schläfst, erscheint eine gute Fee und spricht einen Zauberspruch über deinem schlafenden Körper.

Dieser Zauberspruch ist sehr kraftvoll und bewirkt etwas Außergewöhnliches: Er lässt das Problem, das du gerade noch hattest, über Nacht verschwinden – und zwar voll und ganz. Es löst sich dank des Zaubers komplett auf. Dann verschwindet die Fee und lässt dich in Ruhe weiterschlafen, bis du am Morgen erwachst. Du wachst nun also auf, ohne zu wissen, dass in der Nacht dieser Zauber vollbracht wurde. Du hast davon keine Ahnung!

Und doch ist er geschehen: Dein Problem ist nicht mehr da. Woran würdest du das merken? Woran würdest du an diesem Morgen, wenn du aufstehst und durch deinen Tag gehst, erkennen, dass dein Problem sich in Luft aufgelöst hat? Was wäre anders? Was hätte sich verändert?

Nimm dir für diese Frage und für die entstehenden Gedanken und Bilder so viel Zeit, wie du brauchst. Versuch, so genau und spezifisch wie möglich zu sein. Visualisier, woran genau du erkennst, dass dein Problem verschwunden ist und wodurch es verschwunden ist. Wenn du so weit bist, öffne die Augen und schreib auf, was du erfahren hast.

_____

_____

_____

_____

_____

Dann frag dich: Was von dem, was dazu beigetragen hat, dass mein Problem verschwunden ist, kann ich _jetzt_ schon umsetzen? Was sind die nächsten kleinen Schritte?

_____

_____

_____

_____

_____

Bevor du weiterliest: Tu einen davon.

Du weißt mehr über die Lösung, als du denkst

Wenn du dir vorstellst, dass nachts ein Wunder geschehen wäre und sich all deine Probleme aufgelöst hätten, dann wirst du sehr konkrete Dinge finden, anhand derer du dies am nächsten Morgen bemerken wirst. Du weißt also bereits, wie es sich anfühlen wird, wenn dein Problem schließlich verschwunden ist. Du spürst, wie die Lösung sich in deinem Leben abbildet. Du erkennst, welche kleinen Details und großen Veränderungen diese Lösung mit sich bringen wird. Das bedeutet: Du weißt bereits eine ganze Menge über die Lösung! Vielleicht kennst du noch nicht jeden Schritt vom Jetzt zum Idealzustand – doch ich bin mir sicher, dass du bereits ein paar von ihnen kennst. Wie sonst wäre es dir möglich, die nächsten Schritte zu definieren und dich in die richtige Richtung zu bewegen?

Ich möchte sogar noch etwas weitergehen. Ich glaube, dass wir alle die größten Experten für uns selbst sind. Denn auch, wenn du sie oft unter einem Berg von Zweifeln vergräbst: Niemand kennt deine innersten Kräfte so gut wie du. Niemand kennt deinen Lebensweg so gut wie du. Niemand weiß so gut um deine tiefsten Geheimnisse wie du. Dieser Expertise sind wir uns zwar oft nicht bewusst, doch es gibt sogar Methoden aus Meditation, Coaching und Psychologie, die genau mit dieser Grundannahme arbeiten und sie für uns nutzbar machen. Eine davon ist es, diesen Experten konkret nach Rat zu fragen – in Form unseres älteren Ichs. Es handelt sich dabei um eine sehr kraftvolle Meditation, die uns daran erinnert, dass wir keine Angst haben müssen, wenn wir einen Weg beschreiten, der noch nicht vorgezeichnet ist, einen Weg, den wir bis jetzt noch nicht erkennen können. Es ist eine Meditation, die uns daran erinnert, dass wir nie aufgeschmissen sind. Dass wir immer weiterwissen – denn unser größter Experte und vertrautester Ratgeber steht uns immer zur Seite. Durch diese Meditation möchte ich dich jetzt begleiten.

MEDITATION

Frag dein älteres Ich um Rat

(► AUDIO)

Such dir einen Ort, an dem du dich wohlfühlst. Mach es dir so bequem wie möglich und nimm ein paar tiefe Atemzüge. Merkst du, wie du dich immer mehr entspannst?

Stell dir jetzt vor, dass du an einer Küstenstraße stehst. Du spürst den warmen Wind und die Sonne auf deiner Haut. Du hörst das Meer rauschen und den Gesang der Möwen. Der Himmel ist blau. Unter dir liegt das Meer. Jetzt siehst du eine Holztreppe. Du gehst zu der Treppe und kannst erkennen, dass sie zu einem Haus direkt am Strand führt. Geh jetzt die Treppe hinunter, sie hat zwölf Stufen. Stufe für Stufe. 1 – 2 – 3 – 4 – 5 – 6 – 7 – 8– 9 – 10 – 11 – 12. Du bist angekommen. Am Haus am Strand. Du öffnest die kleine weiße Holzpforte und betrittst die Veranda. Am anderen Ende der Veranda erkennst du eine Person in einem Schaukelstuhl. Sie winkt dich zu sich heran. Geh zu ihr hin. Während du näherkommst, bemerkst du, dass es eine ältere Person ist.

Du stehst jetzt vor ihr und blickst in ihre vertrauensvollen Augen. Sie nickt dir aufmunternd zu und bittet dich, auf dem Stuhl neben ihr Platz zu nehmen. Du setzt dich hin und blickst in ihr lächelndes Gesicht. Diese Begegnung fühlt sich für dich ganz natürlich und vollkommen vertraut an. Du kannst spüren, wie wohlgesinnt die Person mit dem weißen Haar dir ist. Du erkennst auch, wie glücklich und zufrieden sie ist. Hier in ihrem Haus am Strand. Und du erkennst noch etwas. Du siehst, wie weise dieser Mensch ist. Dir wird klar, dass sie eine Mentorin für dich ist.

Wenn du eine Frage hast, die du deiner Mentorin jetzt gerne stellen möchtest, dann tu das. Stell deiner Mentorin die Frage, die dir auf der Seele liegt. Frag deine Mentorin um Rat – und dann empfang die Antwort. Die Antwort, nach der du vielleicht schon so lange gesucht hast. Du bekommst sie jetzt, in diesem Moment von deiner Mentorin mit dem weißen Haar. Ihr beide lächelt und du spürst, wie dein Körper von Gelassenheit, Zuversicht und Ruhe durchströmt wird. Alles ist gut. Du bedankst dich bei der Person im Schaukelstuhl und langsam, wenn du bereit dafür bist, verabschiedest du dich. Du gehst die Veranda entlang, öffnest das weiße hölzerne Tor, gehst hindurch und die Treppenstufen empor.

Stufe für Stufe. 1 – 2 – 3 – 4 – 5 – 6 – 7 – 8 – 9 – 10 – 11 – 12. Oben angekommen, wandert dein Blick noch mal über das Meer und das Haus am Strand.

Genieß dieses Gefühl von Sicherheit und Vertrauen, dass du nicht allein bist. Genieß das Gefühl, dass deine Mentorin immer erreichbar ist. Dass du, wenn du das nächste Mal nicht weiterweißt, einfach wieder die Treppe hinab zum Haus am Strand gehen kannst. Zu deiner Mentorin. Mit ihrer Ruhe, Weisheit und ihrem unerschöpflichen Wissen. Diese Person wird immer für dich da sein, denn diese Person bist du.

Herzensrat

Ich saß in meinem Schaukelstuhl, von weichen Kissen gestützt, auf der Veranda meines Hauses am Strand. Der Wind rauschte leicht in den Baumwipfeln und vermischte sich mit dem Geräusch der Wellen zu einer ruhigen Melodie. Auf einmal hörte ich ein rhythmisches Trippeln, das näher zu kommen schien. Ich erkannte, dass es flinke Schritte von kleinen Füßen sein mussten. Jemand ging die Holztreppe zu meinem Haus hinunter – und schon öffnete sich auch die kleine weiße Pforte meines Gartenzauns. Ich sah ein kleines Mädchen, vielleicht vier Jahre alt. Sie trat ein und kam zu mir. Ich hob sie freudig zu mir hoch und setzte sie auf meinen Schoß. Mit ihren großen grünen Augen schaute sie mich an. Sie fragte mich, wo ihr Platz in dieser Welt sei. Sie wisse nicht, wo sie hingehöre. Weder in ihrem einen noch in ihrem anderen Zuhause fühle sie sich zugehörig. Sie war verwirrt und ein wenig traurig. Ich nahm sie fest in den Arm und flüsterte ihr zu: „Dein Platz ist überall. Du bist überall zu Hause. Die ganze Welt gehört dir." Ich sah, dass sie meine Worte verstand. Sie lächelte mich an, drückte mich noch einmal fest und hüpfte dann fröhlich in Richtung der weißen Pforte zurück. Während sie die Treppe wieder nach oben lief, hörte ich sie die Stufen zählen: 1 – 2 – 3 …

Ich genoss den schönen Sommermorgen. Bald schon hörte ich wieder Schritte auf meiner Veranda. Dieses Mal energischer und schneller. Vor mir stand ein junges Mädchen, vielleicht 14 Jahre alt. Mit misstrauischem Blick kam sie näher und setzte sich auf den Stuhl neben meinem. Ich lächelte sie an und merkte, wie auch sie ein Lächeln nicht mehr verstecken konnte. Hinter der skeptischen Fassade schlug ein großes, offenes Herz. Sie fragte mich: „Was soll ich tun? Ich fühle mich so verloren. Ich hab das Gefühl, weder meiner Mutter noch meinem Vater helfen zu können. Dabei brauchen sie beide es so sehr." Ich fragte sie: „Kennst du das englische Wort für Mut?" Sie antwortete: „Ja, *courage*." Ich sagte: „Richtig. Hast du Latein in der Schule?" Sie bejahte, also fuhr ich fort: „Dann weißt du sicher, dass sich das Wort *courage* aus dem lateinischen Wort *cor* ableitet – das bedeutet Herz. Wenn du also mit ganzem Herzen mit deinen Eltern fühlst und ihnen helfen möchtest, dann ist das etwas sehr Mutiges. Du bist sehr mutig. Sei stolz darauf. Doch sei dir bewusst: Du musst nicht immer mutig sein. Du darfst auch einfach nur ein Kind sein, eine Jugendliche. Genieß dein Leben, geh deinen eigenen Weg. Damit hilfst du deinen Eltern am meisten." Ich sah, dass sie mich verstand. Sie gab mir eine feste Umarmung, pflückte sich eine frische Feige vom Baum und machte sich auf den Weg. Als sie ging, konnte ich hören, dass ihre Schritte ein wenig leichter geworden waren.

Es wurde Mittag und ich döste in der Hitze für einen Moment ein. Nach kurzem Schlaf wurde ich wach, denn ich hörte erneut Schritte auf meiner Veranda. Vor mir stand nun eine junge Frau, vielleicht 25 Jahre alt. Sie war nicht allein. Auf ihrem Armen trug sie ein Baby. Sie kam und setzte sich auf den Stuhl neben mir. Sie fragte mich: „Was soll ich tun? Ich bin durcheinander. Noch nie habe ich so sehr geliebt wie heute als Mutter, und gleichzeitig fühl ich mich, als wäre ich im Leben gescheitert. Wo soll ich anfangen? Wie soll es weitergehen?" Ich nahm die Hand der jungen Frau fest in meine und schaute ihr tief in die Augen. Ich sagte: „Du schaffst das. Tief in dir drin weißt du auch längst, dass du es schaffst. Und nicht nur das: Du bist nicht nur hier, um etwas zu schaffen, du bist hier, um zu leben, aus vollem Herzen. Du hast die Entscheidung, aus vollem Herzen zu leben, auch schon längst getroffen: Der Beweis dafür schläft gerade friedlich in deinen Armen." Ich sah, wie ihr Blick sich erhellte. Sie sah zu ihrem schlafenden Kind und ihre Augen wurden weich und leuchtend voller Liebe. Sie sah mich an, lächelte und erhob sich sehr behutsam. Langsam, um ihr Baby nicht zu wecken, schritt sie zurück über die Veranda durch die weiße Pforte und verschwand die Treppen hinauf. Sie blickte nach vorn und drehte sich nicht um. Das machte mich glücklich.

Ich trank einen Tee und sah der Sonne bei ihrem Weg über den Horizont zu. Das Knarren der Holztreppe verriet mir, dass ich erneuten Besuch bekam. Diesmal war es eine Frau Anfang 30. Sie kam direkt und ohne zu zögern zu mir. Ich konnte spüren, dass ihr eine Frage auf der Seele brannte. Sie erzählte mir, dass sie die Zusage für den lang ersehnten Job erhalten hatte. Die Tränen in ihren Augen verrieten mir, dass sie sich nicht freuen konnte. Bald verstand ich auch, warum. Sie erzählte mir von der Angst vor der neuen Aufgabe, aber vor allem von dem schlechten Gewissen ihrem Kind gegenüber. Sie plage in jeder freien Minute das Gefühl, dass es zu kurz kommen würde, während sie arbeitete, um den beiden eine gute Zukunft aufzubauen. Ich verstand sie sehr gut und entgegnete ihr: „Denk an ein Bild von einer Löwenmama mit ihrem Jungen an der Seite. Sie jagt, kämpft und liebt. Sie hat stets das Wohl ihres Kindes im Blick. Das bist du. Du kämpfst und jagst, weil du so sehr liebst. Das ist okay. Sei nicht so hart zu dir selbst. Sei stolz auf dich." Sie lächelte. Ihre grünen Augen blitzten wachsam auf. Dann verabschiedete sie sich und schritt die Treppe hinauf mit einem Gang, der Würde und Tatkraft ausstrahlte.

Ich ahnte schon, dass das nicht der letzte Besuch für heute war. Und ich sollte recht behalten. Eine Frau, Mitte 30, kam nur kurze Zeit später durch die kleine Holzpforte und direkt auf mich zu. Sie setzte sich neben mich, ich bot ihr einen Tee an und wir begannen zu plaudern. Sie berichtete mir von ihrem schönen Leben, von ihrem Mann, ihrem Kind, der großen Stadt, in der sie lebte, und von ihrer Arbeit. Sie erzählte, dass sie keine Sorgen, keine Beschwerden habe, aber – und dann wurde ihre Stimme leiser – dass sie nicht glücklich sei. Sie erzählte, dass sie seit einiger Zeit eine große Unzufriedenheit in sich spüre, die von Tag zu Tag zunehme, und dass da gleichzeitig diese unheimliche Sehnsucht sei. Aber nach was – das könne sie mir nicht sagen. Ich konnte deutlich spüren, wie verunsichert die junge Frau war. Gleichzeitig musste ich lächeln. Ich schaute sie an und sagte zu ihr: „Dieses Leben besteht aus so vielen Wegen. Vielleicht ist genau jetzt die Zeit gekommen für einen neuen Weg. Du musst diesen Weg noch nicht vor dir sehen, um ihn bereits zu spüren. Hab Vertrauen. Er wird sich dir zeigen." Ich konnte sehen, dass die junge Frau noch viele Fragezeichen in ihren Augen hatte, aber das war okay. Ich wusste, sie würde ihren Weg finden. Ich verabschiedete sie höflich, aber bestimmt und schickte sie auf ihre weitere Reise. Sie fand den Weg zurück ganz ohne meine Hilfe.

Nur einen kurzen Moment später sah ich durch die gleißenden Sonnenstrahlen erneut den Umriss einer Gestalt auf meiner Veranda erscheinen. Es war wieder eine Frau, kaum älter als mein letzter Besuch. Die beiden mussten sich auf der Treppe begegnet sein. Auch sie kam direkt auf mich zu und setzte sich zu mir. Sie erzählte mir von ihren Träumen und Plänen. Es sprudelte nur so aus ihr heraus. Sie erzählte mir von ihrer Leidenschaft, von dem, was sie gefunden hatte, was sie berührte. Sie erzählte von lebensverändernden Begegnungen und Entscheidungen, von Buddha, von Osho, von Schamanen und Heilerinnen und von so vielem mehr. Und dann wurde sie still. Denn trotz all der Überschwänglichkeit war eine Unsicherheit in ihrer Stimme. Sie erzählte mir von ihren Zweifeln. Was würden die anderen sagen? Was, wenn alle sie missverstehen würden? Was, wenn sie noch lange nicht genug gelernt hatte, um anderen davon zu erzählen? Sie erzählte mir auch von Verpflichtungen, von Deadlines und Erwartungen. Ihre Worte wurden immer schneller und ich merkte, dass sie kaum atmete. Liebevoll, aber mit Nachdruck unterbrach ich sie. Ich fragte: „Fühlt sich das, was du tust, wahr an?" Sie antwortete mit einem direkten, klaren, lauten Ja. Ich sprach nun etwas leiser und ruhiger: „Warum zweifelst du dann? Mehr als das braucht es nicht. Wenn es für dich wahr ist, dann handelst du aus bestem Wissen und Gewissen. Tu es, doch nimm dir deine Zeit. Wenn du eines Tages auch in einem Schaukelstuhl sitzt und wie ich auf dein Leben zurückblickst, wird es völlig unwichtig sein, was andere über dich gesagt haben oder ob dein unaufschiebbares Projekt ein Jahr früher oder später fertig geworden ist. Wichtig ist die Erfahrung. Mach alles, was du tust, zu einem schönen Erlebnis. Eines, auf das du später, wenn du in deinem Schaukel-stuhl sitzt, gerne zurückblickst. Eines, das dich lächeln lässt – am besten schon heute." Ich sah die Erleichterung in ihrem Blick, als sie sich verabschiedete. Sie hatte noch viel vor. Ich wünschte ihr, dass sie es so sehr genießen könne, wie sie es sich erträumte.

Das war genug Besuch für einen Tag. Die Sonne begann unterzugehen. Ich ging in die Küche, setzte heißes Wasser auf und begab mich dann mit meinem frisch aufgebrühten Tee aufs Sofa. Ich schaute hinüber zu meinem Bücherregal. Mein Blick fiel auf ein altes Buch, das schon viele Jahren mein Begleiter war. Auf dem Buchrücken stand: *Leb das Leben, das du leben willst.* Ich lächelte. Diesen Rat hatte ich mir zu Herzen genommen.

PERSPECTIVE

Wie wichtig ist das,

was dich heute stresst,

in einem Jahr?

Die Reise deines Lebens

Stell dir für einen Moment dein Leben als eine einzige große Fahrt über die Weltmeere vor. Du bist auf einem Segelschiff und steuerst in Richtung eines fernen Ziels, das du zuerst nur aus Erzählungen, Träumen und Fantasien kennst. Du hast eine Landkarte bei dir, auf der dein Ziel als X markiert ist. Auf dieser Karte sind von anderen Reisenden bereits einige Untiefen, Strömungen und Häfen eingezeichnet worden. Viele Flecken auf der Karte sind jedoch noch leer – dieses Territorium ist unbekannt. Da du weißt, dass du den Weg zu deinem Ziel nur in mehreren Etappen meistern kannst, nimmst du eine gewisse Menge Proviant und nützliche Gegenstände mit, die du unterwegs wieder auffüllen, verkaufen oder tauschen kannst. So begibst du dich auf deine Fahrt.

Zuerst fährst du vielleicht durch die bereits aufgezeichneten Gebiete und gehst in den Häfen an Land, die andere dir als sicher oder schön beschrieben haben. Du sammelst erste Erfahrungen, nimmst Souvenirs mit und triffst neue Menschen. Nach kurzer Zeit merkst du, dass die Karte nicht immer ganz richtig gezeichnet ist: Fahrten sind länger als geplant, sodass der Proviant knapp wird, einige Häfen sind viel langweiliger, als du dachtest, oder werden schon längst nicht mehr bewirtschaftet, einige Untiefen und Sturmböen sind gefährlicher, als du es für möglich gehalten hattest. So wächst und lernst du und so wird diese Reise immer mehr zu deinem ganz persönlichen Abenteuer. Du lernst, anders zu rationieren, sowohl deine Nahrung als auch deine Kraft, du sammelst Geschichten von Schätzen und unternimmst kostspielige Umwege, um sie zu finden oder um eine Weggefährtin aus der Gefangenschaft zu retten. Du wirst selbst Gefangene, verhandelst oder brichst aus, verliebst dich in einen Prinzen oder eine Räubertochter und änderst deine Pläne erneut. Und immer wieder gehst du zurück an Bord des Schiffes, manchmal mit vielen treuen Freunden, manchmal allein, und fährst weiter ins Unbekannte.

Alle Häfen und Abenteuer sind wichtige Wegweiser, an deren Erreichen oder Verlassen du dich aber irgendwann nicht mehr festklammern solltest. Also hörst du auf, von einem Hafen zum nächsten zu hetzen, in der Annahme, dort das große Glück zu finden. Und schon befindest du dich auf deiner authentischen Route, auf *deiner* eigenen Fahrt – und kannst die Fahrt nun auch genießen. Es ist deine Fahrt, auf der du deinen Blick über die Unendlichkeit des Ozeans wandern lässt, der Wind durch dein Haar streift, die Sonne sich glitzernd im Meer reflektiert, du den Geschmack von Salz auf den Lippen schmecken kannst und dir die Unendlichkeit deiner Möglichkeiten nicht nur bewusst wird, sondern du sie jeden Tag lebst.

Es ist deine Fahrt, auf der *du* das Steuer für dein Segelschiff in der Hand hast. Und dann wird dir bewusst: Jedes Erlebnis auf dem Weg, jeder Hafen mit seinen Tücken oder Freuden, jedes Unwetter, jedes Abenteuer, egal, wie sehr sie dir als Umwege in diesem Moment erscheinen, erst durch sie kannst du dein Ziel, dein ganz eigenes, persönliches, innerstes Ziel wirklich erreichen: deine eigene Freiheit. Nicht die eines anderen, nicht die einer Gesellschaft oder einer vorgefassten Erwartung, sondern deine selbst gelebte, selbst gefundene Freiheit.

Die vielen Reisen der Heldinnen und Helden

Wir alle befinden uns ständig auf einer oder auf mehreren Reisen, auf hoher See oder in einem Hafen als Zwischenstation. Und wenn ich sage, dass wir alle das tun, dann meine ich wirklich alle von uns, und zwar schon seit Beginn der

Menschheitsgeschichte. Der amerikanische Mythenforscher Joseph Campbell studierte und verglich Mitte des 20. Jahrhunderts unzählige Überlieferungen und Erzählungen aus beinahe allen uns bekannten Kulturen. Er entdeckte, dass diese etwas Grundlegendes gemeinsam haben. Diese Gemeinsamkeit teilen sich nicht nur uralte Erzählungen wie das Gilgamesch-Epos oder die Erlebnisse von Buddha, Jesus und dem Propheten Mohammed, sondern auch moderne, von vielen von uns geliebte Werke wie *Der Herr der Ringe* oder die *Matrix-* und *Star-Wars*-Filme. Campbell entdeckte, dass alle Geschichten, die uns Menschen etwas bedeuten, von einer inneren und äußeren Reise erzählen. Von einer Reise, in der die Protagonisten ihre gewohnte Umgebung verlassen, Abenteuer bestehen und als neue Menschen zurückkehren, um ihre Erfahrungen zu teilen. Diese Reise, die allen Mythen zugrunde liegt, nannte er *Heldenreise*. Er schrieb darüber ausgiebig in seinem Buch *Der Heros in tausend Gestalten*, hielt viele Vorträge und produzierte sogar Fernsehsendungen dazu.

Der wichtigste Punkt seiner Arbeit war für Campbell allerdings nicht die Mythologie, sondern die Entdeckung, dass jeder einzelne Mensch solche Heldenreisen immer und immer wieder in seinem eigenen Alltag selbst erlebt. Diese Reisen können ganz unterschiedlicher Art sein: ein Jobwechsel, ein Umzug in eine fremde Stadt, der Schritt in die Selbstständigkeit, ein Marathonlauf. Auf jeder dieser Reisen werden Schwierigkeiten überwunden, es erscheinen Weggefährtinnen und Helfer und es winken große Schätze in Form von Erfahrungen, Einsichten und Veränderungen als Lohn. Dein Leben, mein Leben, all unsere Leben sind eine immer wieder von Neuem beginnende Reise, auf der wir zu Heldinnen und Helden werden können – wenn wir es wagen, die Sicherheit des Alltags zu verlassen und aufzubrechen, um unser Glück zu finden.

Joseph Campbells Heldenreise wird im Coaching und in der spirituellen Arbeit oft verwendet, um Menschen durch Veränderungen und herausfordernde Situationen zu begleiten. Obwohl wir alle unsere ganz eigenen Geschichten haben, sind die einzelnen Schritte und Stationen auf unseren Wegen oft sehr gleich. Mit der Heldenreise als Schablone können wir unsere eigene Reise besser verstehen und Klarheit darüber erlangen, an welchem Punkt im Prozess wir selbst gerade stehen. Das wiederum hilft dabei, die nächsten Schritte zu planen.

Bevor wir also den letzten und größten Schritt auf unserer gemeinsamen Reise machen, möchte ich dich einladen, dir deine ganz persönliche Heldenreise anzuschauen. Während du den nächsten Abschnitt liest, reflektier über ein vergangenes Abenteuer, das du bestritten hast: eine Trennung oder eine Zusage, ein Wandel im Lebensstil, eine mutige Entscheidung. Schau dir an, wie die einzelnen Stationen der Heldenreise sich in deiner Situation manifestiert haben. Dann betrachte deine ganz aktuelle Reise, auf der du jetzt gerade bist: Welche Stationen hast du bereits durchlaufen, was ist dir passiert, welcher Schritt steht dir als Nächstes bevor?

Nimm dir dafür etwas zum Schreiben zur Hand und mach dir Notizen. Hab keine Furcht, junge Heldin – du kannst nur gewinnen!

ÜBUNG

Deine Heldenreise

Dies ist deine ganz persönliche Reise. Nimm dir genug Zeit dafür, such dir einen ruhigen Ort und sei offen für das, was du in dir findest.

Vergiss nicht, zu atmen, vergiss nicht, ehrlich zu sein – und vergiss nicht, Spaß zu haben!

1. Die gewohnte Welt

Der Startpunkt der Heldenreise ist die normale und gewöhnliche Welt. Es ist der Alltag der Heldin, mit ihrer Arbeit, ihren Beziehungen, dem Ort, an dem sie lebt, ihren Ängsten, Wünschen und Träumen. Alles erscheint irgendwie stabil – vielleicht nicht optimal, vielleicht nicht besonders inspirierend, vielleicht aber auch völlig okay. Doch die Heldin spürt, dass irgendetwas fehlt in diesem gegenwärtigen Leben. Sie fühlt die Sehnsucht nach mehr Echtheit, nach mehr Erfüllung, nach einem Abenteuer.

Frag nun dich selbst:
Wie ist deine Welt beim Antritt der Reise? Was fehlt dir? Woran merkst du das? Wenn du möchtest, denk an das Rad des Lebens: Wo stehst du gerade?

2. Der Ruf des Abenteuers

Mitten in dem ihr so bekannten Alltag hört sie die Stimme ihrer Sehnsucht. Sie wird immer lauter. Sie ruft sie zu sich. Dieser Ruf zum Abenteuer ist der Ruf ihres Herzens. Die Heldin erinnert sich an ihre Träume und Wünsche und daran, dass tief in ihr drin noch so viel mehr ist, das gelebt werden will. Der Ruf des Abenteuers kann auch von einem besonderen Erlebnis ausgehen oder durch eine Begegnung ausgelöst werden. Ein neuer, inspirierender Mensch in ihrem Leben, ein neues Jobangebot oder eine tiefe Sehnsucht nach Veränderung: Der Ruf des Abenteuers kann sie in jeder Form und in jeder Größe erreichen.

Frag nun dich selbst:

Spürst du, dass dich etwas ruft? Wer oder was ist es, das dich zum Abenteuer ruft? Wie hörst du diesen Ruf?

3. Widerstände

Wenn die Heldin den Ruf vernommen hat, liegt es an ihr, ihm zu folgen. Vielleicht ist sie hin- und hergerissen zwischen der Sehnsucht nach Erfüllung auf der einen Seite und ihren Bedenken, Zweifeln und Ausreden auf der anderen. Sie denkt vielleicht, sie sei zu faul oder zu untalentiert für ihr Abenteuer. Vielleicht möchten auch Menschen in ihrem Umfeld sie zurückhalten: Nicht jeder, dem sie von ihrem Vorhaben erzählt, reagiert mit Begeisterung. Die Heldin beginnt, am Ruf des Abenteuers zu zweifeln.

Frag nun dich selbst:

Was sind deine inneren Widerstände? Welche Ängste und Zweifel, welche alten Glaubenssätze? Was sind die äußeren Widerstände? Sind sie wirklich wahr?

4. Begegnung mit dem Mentor

Wenn sie ihre Widerstände und Ängste spürt, wenn sie den ersten Hindernissen begegnet, so entdeckt die Heldin vielleicht Eigenschaften an ihr selbst, die ihr nicht gefallen. Sie zweifelt an ihren Fähigkeiten. Doch ein Mentor erscheint und wird sie unterstützen: ein Coach, eine Vorgesetzte, eine Verwandte, ein Freund. Der Mentor kann ihr auch in Form eines Workshops, eines Vortrags oder Buches begegnen. Auch sie selbst kann sich dieser Mentor sein: Denk an die Meditation *Frag dein älteres Ich um Rat.*

Frag nun dich selbst:

Wer unterstützt dich bei deinem Vorhaben? In welcher Form erfährst du diese Hilfe? Was gewinnst du durch sie?

5. Übertreten der Schwelle

Wenn die Heldin, gestützt von ihrem Mentor, sich dazu entschieden hat, ihrem inneren Ruf zu folgen, dann tut sie den ersten Schritt. Diese Reise ist nun ihr Schicksal. Mit dem Übertreten der Schwelle verlässt sie den festen Boden unter den Füßen und wagt sich ins Abenteuer. Sie geht ins Ungewisse, hinein ins Niemandsland. Auch wenn Angst immer noch ihr Begleiter ist, so sind ihr Wille zu Wachstum und ihre Sehnsucht nach Erfüllung größer. Die Heldin überschreitet die Schwelle mit einer solchen Konsequenz, dass sie nicht mehr zurückkann.

Frag nun dich selbst:
Wie übertrittst du die Schwelle? Kannst du Angst und Freiheit zugleich fühlen? Wie kannst du so mutig über die Schwelle treten, dass es kein Zurück gibt?

---

6. Heldentraining

Nachdem die Heldin die Schwelle unwiderruflich übertreten hat, wartet eine neue Welt voller Abenteuer auf sie. Sie räumt Hindernisse aus dem Weg, doch sie muss auch Rückschläge einstecken. Ihr begegnen Aufgaben und Herausforderungen, die sie an sich selbst zweifeln lassen. Doch die Probleme und Gefahren auf dem Weg sind ihre Prüfungen. Mit jeder dieser Prüfungen reift die Heldin. Sie bereitet sich vor auf die große Schlacht, die ihr noch begegnen wird.

Frag nun dich selbst:

Welche Hindernisse stellen sich dir in den Weg? Welche Gefahren überwindest du in deinem Heldentraining? Wie kannst du äußere Hindernisse als innere Prüfungen erkennen?

7. Die entscheidende Prüfung

Am schwersten Punkt der Reise wird die Heldin vor die ultimative Prüfung gestellt. Sie findet sich in der tiefsten Höhle, der finstersten Nacht oder mitten im Auge des gnadenlosesten Sturms wieder. Diese Prüfung bedeutet, dass die Heldin sich ihrer größten Angst stellen, ihre größten Widerstände überwinden und die größte Herausforderung meistern muss. Sie muss den Drachen besiegen, der im tiefsten Innern ihres Seins wohnt und der den größten Schatz behütet, den die Heldin sich vorstellen kann.

Frag nun dich selbst:

Was ist diese Prüfung für dich? Was ist der Drache, der in deinem Innersten wohnt? Woran erkennst du, dass du die Prüfung bestanden hast?

8. Den Schatz finden

Die Heldin hat die ultimative Prüfung bestanden. Sie ist ein neuer Mensch geworden. Der Schatz, den der furchterregende Drache bewacht hat, ist nun ihrer. Die Heldin nimmt ihn mit, er ist nun ein Teil von ihr. Sie ist gewachsen, gereift, voller neuer Erfahrungen, ja geläutert. Sie hat ein neues unerschütterliches Vertrauen in ihren Wert, ihr Können und ihre Kraft. Die Heldin ist ein Stück mehr sie selbst geworden.

Frag nun dich selbst:
Was kannst du auf deiner Reise gewinnen? Was ist der Schatz, den du in dir finden kannst? Was für eine Person wirst du sein, wenn du ihn gefunden hast?

9. Der Weg nach Hause

An diesem Punkt fällt es der Heldin sehr schwer, die Rückreise anzutreten. Sie möchte am liebsten für immer in der Höhle des Drachen und auf dem Weg der Abenteurer und Heldinnen bleiben. Doch es ist Zeit für sie, nach Hause zu gehen. Das ist kein leichter Weg, denn die Heldin hat sich tief gehend verändert – die Welt, in die sie zurückkehrt, jedoch nicht. Dies ist die wichtigste aller Stationen auf der Heldenreise. Die Heldin muss zurück in die gewohnte Welt treten, sie muss wieder ein Teil von ihr werden. Alles andere wäre nur eine Flucht ohne Verantwortung und Würde.

Frag nun dich selbst:

Wie findest du zurück in deine gewohnte Welt? Was erwartet dich? Was gibt es, auf das du dich freust?

---

10. Der neue Alltag

Die Heldin ist zurück in der alltäglichen Welt – doch sie ist nicht mehr dieselbe Person. Sie ist gewachsen. All das, was sie auf ihrer Reise gefunden hat, gilt es jetzt in ihren Alltag zu integrieren.

Frag nun dich selbst:

Wie wird dein neuer Alltag aussehen? Was ist anders im Vergleich zum Beginn deiner Reise? Welche neuen Routinen und Inspirationen wird es in deinem neuen Alltag geben?

11. Teilen der Erfahrung

Das, was die Heldin auf ihrer Reise erfahren und gelernt hat, all die Schätze, die sie gefunden, und all die Abenteuer, die sie erlebt hat, gilt es jetzt mit den Daheimgebliebenen zu teilen. Ihre neuen Einsichten und ihr hinzugewonnenes Wissen haben die Macht, die Welt zu verändern. Die Heldin inspiriert ihre Mitmenschen dazu, ebenfalls aus ihrem Alltag auszubrechen und ihr eigenes Abenteuer zu bestehen. Alles, was die Heldin errungen hat, teilt sie mit der Gemeinschaft. Ihr Wachstum wird so auch zum Wachstum der anderen. Wenn es ihr gut geht, wird es auch ihrem Umfeld gut gehen. Die Heldin weiß: Ein einziger erwachter Mensch kann den Alltag aller erhellen. Jetzt ist sie dieses Licht.

Frag nun dich selbst:
Was kannst du mit der Gemeinschaft teilen? Wie kannst du das am besten tun? Was ist dein Licht? Wem kannst du nun eine Mentorin sein? Wie kann dein Glück andere Menschen glücklich machen?

Nimm dir zum Abschluss dieser inneren Reise noch ein paar Momente Zeit. Konntest du sehen, wie oft du diese Reise schon gemacht hast? Konntest du die vielen Schätze erkennen, die du bereits gefunden hast? Hast du gespürt, an welcher Station der Reise du dich in deiner aktuellen Lebenssituation befindest? Bevor wir nun gemeinsam den letzten Schritt in die Freiheit tun, atme tief ein und aus. Noch einmal. **Du bist bereit.**

JOURNEY

Du bist nicht so weit gekommen,

um nur so weit zu kommen.

Alles, was du brauchst, trägst du bereits in dir

Dein ganzes Leben ist eine Abfolge von Heldenreisen. Alles, was du auf diesen Reisen gefunden hast, trägst du jetzt als Schatz bei dir. Diese Schätze sind deine Erfahrungen und Erlebnisse sowie die Lehren, die du aus ihnen gezogen hast. Jede von ihnen hat dich reifer gemacht, stärker, humorvoller und weiser. Egal, wie gut oder schlecht du dich in einem bestimmten Moment fühlst – diese Wahrheit ist unbestreitbar. Niemand kann dir deine Erfahrungen nehmen, niemand kann dir die Schätze rauben, die bereits ein Teil von dir geworden sind.

Dieses Buch ist ein weiteres Abenteuer auf deiner großen Reise. Überleg für einen Moment: Wo auf deinem Weg warst du, als du zu lesen begonnen hast? Was konntest du aus diesen Seiten bereits für dich mitnehmen? An welche Orte hat das Buch dich geführt? Was hast du dort gefunden? Wie hast du dich bereits verändert? Wenn du dir deiner Schätze bewusst bist, deiner Ressourcen aus der Vergangenheit, deiner Präsenz in der Gegenwart und deiner Träume für die Zukunft, dann ist es Zeit für den finalen Schritt. Das Gute ist: Du musst keine Angst haben zu scheitern. Es gibt keine falschen Schritte. Es gibt nur solche, die zu einem unerwarteten Ergebnis führen – und dann beginnt ein weiteres Abenteuer. Jeder Schritt, den du tust, ist der nächstbeste und der nächstwichtigste – und daher der richtige.

Die nun folgende Übung ist der Abschluss unserer gemeinsamen Reise. Alles, was du bis hierher gefunden hast – nicht nur in diesem Buch, sondern in deinem ganzen bisherigen Leben –, kommt jetzt zusammen. Im ersten Teil der Übung betrachtest du die wichtigsten Erfahrungen deines Weges und das, was du daraus mitgenommen hast. Im zweiten Teil packen wir alles, was du brauchst, ein. Es ist das Reisegepäck für deine weiteren Abenteuer. Gestärkt, voller Klarheit, Mut und Power trittst du so in dein neues Leben. In das Leben, das du leben willst. **Bist du bereit?**

ÜBUNG

Das Leben, das du leben willst

Nimm dir für diese Übung alle Zeit, die du brauchst. Sie ist der Schritt in dein neues Leben. Such dir einen Ort, an dem du dich wohlfühlst - wir werden zeichnen, schreiben und uns etwas bewegen. Nimm dir mehrere Blätter Papier und Stifte zur Hand.

Teil 1: Deine Lebenslinie

Erinner dich nun an vier bis sechs Ereignisse oder Heldenreisen in deinem Leben, die dich maßgeblich geprägt haben. Das können Orts- oder Schulwechsel sein, einschneidende Erlebnisse, Reisen, der Beginn oder das Ende einer Beziehung – was auch immer diese Ereignisse für dich persönlich waren. Zeichne nun eine Linie von deiner Geburt bis zum Jetzt auf das Papier und markier dir diese Meilensteine und Wendepunkte auf deinem Lebensweg. Hierfür kannst du ein einzelnes Blatt verwenden oder mehrere aneinanderkleben.

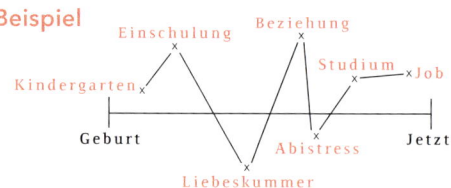

Glückliche Ereignisse kannst du oberhalb der Zeitachse einzeichnen und herausfordernde unterhalb der Zeitachse. Je emotionaler das jeweilige Ereignis war, desto tiefer oder höher kannst du die Markierung setzen. Schreib an jedes deiner eingezeichneten Ereignisse noch eine kurze Notiz wie zum Beispiel *Trennung*, *Hochzeit* oder *Uniabschluss*.

Wenn du deine wichtigsten Ereignisse identifiziert und eingezeichnet hast, leg den Stift kurz zur Seite und betrachte dein Blatt Papier. Du blickst jetzt auf dein Leben. Ein bewegtes Leben, wie die Kurven zeigen. Ein bewegtes Leben bedeutet immer auch, dass du viel mitnehmen konntest auf deinem Weg. Es bedeutet, dass du dir viele Ressourcen aneignen konntest, ganz egal, ob gewollt oder ungewollt. Je höher die Ausschläge, egal in welche Richtung, desto größer das Potenzial für Wachstum.

Geh nun die einzelnen Stationen noch einmal durch und reflektier die folgenden Fragen:

Was hast du aus der jeweiligen Situation mitgenommen, welche Lektion oder Erkenntnis ist aus ihr entstanden?

Wenn die Situation herausfordernd war, wie hast du es geschafft, sie zu meistern?

Welche (Kraft-)Ressourcen, die dir heute noch helfen könnten, hast du in der Situation entwickelt?

Werde dir bewusst, wie viele Dinge du in deinem Leben bereits gemeistert hast, die schwer und ausweglos erschienen. Werde dir bewusst, wie viele Momente der Freude du bereits hattest, auch wenn du davor vielleicht dachtest, dass du nie wieder Freude spüren wirst. Deine Lebenslinie ist voller Ereignisse, durch die du Kraft, Wissen, Widerstandsfähigkeit und Einsichten gewonnen hast. All diese Dinge kannst du mitnehmen. Egal, was dir auf deinem Weg als Nächstes passiert, du bist bereit dafür.

Teil 2: Dein perfektes Gepäck für die große Reise

Wenn du bisher gesessen oder gelegen hast, steh in diesem Moment bitte auf. Stell dich in den Raum, aufrecht und mit einem sicheren Stand.

Schließ deine Augen. Atme tief ein und aus. Denk jetzt an dein Leben mit all seinen bisherigen Erfahrungen, Herausforderungen und inspirierenden Momenten. Mach dir bewusst, wie viel Erfahrungsreichtum du bereits ansammeln konntest. Deine Schatzkammern sind gefüllt. Unterscheide für diesen Moment nicht zwischen *guter* und *schlechter* Erfahrung. In jeder Situation steckt Wissen. Erinner dich an deine Kindheit, dein Elternhaus und die Schule. Erinner dich an deine Teenagerzeit mit all ihren Ereignissen, erinner dich an alle Momente, sieh dein Leben wie einen Film vor deinen Augen vorbeiziehen. Und nun werde dir bewusst: Es ist dein Leben, es sind deine Erfahrungen und es ist deine Entscheidung, welche von ihnen du für deinen nächsten Schritt mitnehmen möchtest.

Stell dir nun vor, du packst für diesen nächsten Schritt deiner Reise einen großen Rucksack oder eine schöne Tasche oder einen praktischen Beutel. So, wie du es am liebsten magst. Dieser Gegenstand hat eine magische Fähigkeit: Alles, wirklich alles, was du für die Reise brauchst, kann er in sich aufnehmen, ohne überfüllt zu werden. Die Sache hat aber einen Haken: Dinge, die für die Reise nicht nötig sind, machen das Gepäck unverhältnismäßig schwer. Das bedeutet, dass du zwar so viele hilfreiche Dinge mitnehmen kannst, wie du möchtest, wenn du aber Dinge einpackst, die du eigentlich nicht mehr brauchst, so wird dein Reisegepäck unerträglich schwer und sehr hart zu tragen.

Überleg dir also genau, was du einpacken und mitnehmen möchtest. Erinner dich an all die Schätze, die du bereits angesammelt hast. Mach eine große Inventur. Wähl aus, was du für den nächsten Schritt auf der Reise wirklich brauchst, was dich unterstützen kann. Die Dinge, die du nur aus alter Gewohnheit mit dir herumträgst, kannst du aussortieren. Die Dinge, die in den Regalen schon Staub gesammelt haben, kannst du zurücklassen.

Diejenigen von deinen Souvenirs, die du schon längst hättest loswerden sollen, kannst du jetzt entsorgen.

Ein kleiner Tipp: Wenn es wertvolle Dinge gibt, die du für diesen Schritt aber zurücklassen möchtest, musst du sie nicht sofort wegwerfen. Du kannst sie zwischenlagern, du kannst sie wie einen geschätzten Freund verabschieden, du kannst sie auf einer bequemen Bank mit Aussicht auf die Alpen oder das Meer entspannen lassen. Erinner dich: Dein Rucksack bleibt nur leicht, wenn du ihn mit hilfreichen Dingen bestückst. Was wirst du mitnehmen?

Wenn du jetzt spürst, dass dein Rucksack mit allen seinen Inhalten bereit ist, stell dir vor, wie du ihn dir aufsetzt. Spür, dass er bequem und leicht ist und dir gleichzeitig ein Gefühl von Unterstützung und Kraft gibt. Du kannst dich auf ihn verlassen. Stell dir vor, dass du deinen Blick hebst und auf den vor dir liegenden Weg blickst. Spür die Sonne und den Wind, fühl die Luft an deiner Haut. Blick nach vorne. Du hast alles bei dir, was du brauchst. Du bist bereit. Spür die Reiselust in dir. Vor dir liegen unglaubliche Abenteuer. Atme noch einmal tief ein und aus. Nimm all deine Freude, Neugier, Tatkraft und all deinen Mut zusammen. Schau nach vorne. Und wenn du so weit bist, beweg dich auch in dem Raum, in dem du gerade stehst und diese Übung machst und …

… mach den ersten Schritt.

In dein neues Leben. In das, das du leben willst.

Atme. Fühle. Du bist auf deinem Weg. Du bist frei.

Willkommen bei dir.

DEIN MANTRA

Ich bin wertvoll.

Ich vertraue mir.

Ich werde der Welt sagen, was ich denke und fühle.

Ich werde tun, was für mich von Bedeutung ist.

Ich werde mich nicht mehr verraten.

Ich werde mir das Leben erschaffen,

das ich wirklich leben will.

Ich werde die Person sein, die ich in Wahrheit bin.

AUSBLICK

Der beste Weg

Heute habe ich mit meiner Mama telefoniert. Wir sprechen nicht sehr oft miteinander – zumindest nicht so oft, wie wir es sollten –, doch wenn wir es tun, dann über die Dinge, die uns wirklich auf dem Herzen liegen. Ich erzählte ihr, dass ich gerade an den letzten Zeilen dieses Buches schreibe. Ich erzählte, wie schwer es mir an manchen Stellen gefallen war, wie sehr ich immer wieder an mir selbst gezweifelt hatte und wie oft ich einfach das Word-Dokument schließen, es nie wieder öffnen und mich stattdessen für immer mit Streamingserien auf die Couch legen wollte.

„Sarah, halt durch. Bald hast du es geschafft. The best way out is always through!", hörte ich durchs Telefon. *Der beste Weg hinaus ist immer hindurch.* Mit diesem Satz fühlte ich mich wie mit einer Zeitmaschine zurück in meine Kindheit versetzt. Ich sah meine Mutter, 30 Jahre jünger und genauso schön wie heute, die Faust zaghaft geballt, das leicht angestrengte Lächeln und das beherzte, aufmunternde Nicken, mit dem sie mir schon als Kind Mut machen wollte. *The best way out is always through!* Sie sagte diesen Satz so oft, wenn es anstrengend wurde, wenn ich zweifelte, wenn ich aufgeben wollte.

Es war ihr Appell an mich, durchzuhalten. Weiterzumachen. Nicht müde zu werden, sondern zu kämpfen. Eigentlich war es auch ihr Appell an sich selbst, den sie sich immer wieder aufsagte, um die zermürbenden 14-Stunden-Arbeitstage zu bewältigen, uns Kinder zu versorgen und den Mangel an freier Zeit besser wegzustecken. Um alles zu schaffen. Um *genug* zu sein.

Und so wurden diese sieben Worte des Poeten Robert Frost auch unbewusst zu meinem Leitspruch. *The best way out is always through.* Als Kind und Teenager zwischen den Welten und als junge Erwachsene voller Sorgen und mit großen Plänen. All diese Jahre dachte ich, ich müsste es schaffen. Bloß keine Schwäche zeigen, bloß nicht müde werden, immer schön durchhalten, um irgendwann irgendwo endlich anzukommen. Um endlich genug zu sein.

Jetzt hörte ich diese Worte wieder aus dem Mund meiner Mutter, durch das Telefon, und mir wurde plötzlich etwas bewusst: Heute haben sie eine ganz andere Bedeutung für mich. Sie bilden den gleichen Satz – *The best way out is always through* –, doch das Gefühl, das sie in mir auslösen, hat sich grundlegend verändert. Bevor ich meiner Mutter davon erzählen konnte, musste ich kurz innehalten und reflektieren: Wann genau hatte sich alles verändert? Wo war er, dieser Wendepunkt in meinem Leben? Doch sosehr ich auch nachdachte, ich fand keinen einzelnen blumigen Moment, keine Szene wie in einem Hollywoodfilm mit Sonnenuntergang und Meeresrauschen. Ich fand nur einzelne Situationen, so wie den Entschluss, damals tatsächlich im Sozialamt nach Hilfe zu fragen und für mein Studium zu kämpfen, oder die Entscheidung für die Kündigung in der Plattenfirma und die gegen die Glaubenssätze meiner Kindheit. Während ich diese Momente Revue passieren ließ, schaute ich aus dem Fenster. Mein Blick fiel dabei auf den großen Baum an der Straße, der jetzt im Spätherbst die letzten Blätter verlor, an denen er bisher noch festgehalten hatte.

Ich musste lächeln – ein klischeehafteres und doch passenderes Bild hätte mir das Leben gar nicht präsentieren können. Denn es gibt keinen einzelnen Moment, in dem der Baum plötzlich alle seine alten Blätter ablegt, und es gibt auch keinen einzelnen Moment, in dem er auf einmal wieder neue Blüten bekommt. Das alles ist ein Prozess. All die Momente des Loslassens lösen unsere alten Gewohnheiten und Muster ab von ihren Ästen. Mit jeder Kündigung fällt ein Blatt. Mit jeder Trennung fällt ein Blatt. Mit jeder schmerzhaften Erinnerung, die wir uns endlich erlauben anzunehmen, fällt ein Blatt. Und irgendwann stehen wir da, ohne Blätter und damit auch ohne Schmuck und ohne Schutz. Dann liegt unsere innere Struktur frei und die wahre Bedeutung des Satzes *The best way out is always through* kann sich enthüllen. Denn diese Worte sind keine Kampfansage, keine Durchhalteparole. Der Baum muss sich durch den Winter nicht hindurchkämpfen, muss nicht die Zähne zusammenbeißen. Er lässt einfach los. Er weiß, dass dieses Loslassen seiner Blätter ein Teil des gesamten Prozesses ist, genauso wie das stille Betrachten im Winter und das Hervorbringen neuer Knospen und Blüten im Frühling. Er hat diese Reise schon oft gemacht, wir haben diese Reise schon oft gemacht. Das Leben, das wir leben wollen, ist ein ständiges Loslassen, Neubeginnen, Wachsen und Reifen und Welken und Blühen.

Die sieben Worte von Frost sind also eine Aufforderung, aufzuhören zu kämpfen. Ruhig zu werden. Weich zu werden, den Blick nach innen zu richten und mit dem präsent zu sein, was dort ist. *Der beste Weg hinaus ist immer hindurch* – hindurch durch die Erfahrung, durch das Gefühl, durch die Freude, die Inspiration, die Liebe. Hindurch, mit allen Sinnen. Dann leben wir nicht nur, dann sind wir wahrlich lebendig. Jeden Tag, Schritt für Schritt, zu jeder Jahreszeit, auf jedem Abschnitt unserer Reise.

„Sarah, es freut mich so, dass du das sagst – denn mir geht es genauso!"

Ich konnte das herzerfüllende Lächeln meiner Mutter förmlich durchs Telefon spüren, als ich ihr von meiner Neuentdeckung ihres Lieblingszitates erzählte. „Ich selbst habe lange gebraucht, doch seit einiger Zeit glaube auch ich, den Satz endlich richtig zu verstehen. Es geht ums Erleben, ums Teilnehmen, ums Teilhaben am Leben an sich, in all seiner komplexen Schönheit. Dass wir beide heute so denken und so darüber sprechen können, finde ich wunderschön." Meine Mutter, diese Frau, die so viel gekämpft hat und deren Lachen ich selten so ungezwungen und frei gehört habe wie heute, verabschiedete sich mit den Worten: „Das alles macht mich gerade sehr glücklich." *Mich auch*, dachte ich. *Mich auch.*

Ich wünsche dir, liebe Leserin, lieber Leser, liebe Gefährtin, lieber Gefährte auf dieser Heldenreise, dass auch du glücklich bist – genau in diesem Moment. Ich wünsche dir, uns beiden und uns allen noch unendlich viele Schritte auf diesem Weg zu uns selbst und hinaus in die Welt. Die Freiheit, die wir suchen, beginnt mit jedem Blatt, das fällt, und mit jeder Blüte, die sich neu öffnet. Diese Freiheit hat kein Ende. Sie hört nie auf. Je tiefer wir in uns hineinblicken, desto mehr entdecken wir sie, desto freier werden wir. Wir sind alle gemeinsam auf dieser Reise, wir begegnen uns, helfen uns, verabschieden uns voneinander und treffen uns vielleicht schon ganz bald aufs Neue.

Ich freue mich aus tiefstem Herzen, wenn sich unsere Wege wieder kreuzen. Wenn du mich brauchst, dann weißt du, wo du mich findest. Und egal, ob du gerade Winter hast oder Frühling, ob Herbst oder Sommer, ich wünsche dir, dass du jeden Tag deines Lebens voller Hingabe, Ehrlichkeit, Mut und Soulpower leben und erleben kannst. Ich wünsche dir, dass du immer, wenn du kurz innehältst, um zu atmen … ein … aus … mit all der Kraft aus deiner Vergangenheit, deiner Gegenwart und deiner Zukunft zu dir selbst sagen kannst: Ich lebe das Leben, das ich leben will. Ich war noch nie so frei wie heute.

In Liebe,

Deine Sarah

LIVE ONLINE COACHING

Leb das Leben, das du leben willst

Das nächste Live Online Coaching Programm
mit Sarah Desai startet am 1. Mai 2020

Das 6 Wochen Online Coaching Programm ist die
perfekte Ergänzung zum Buch. In den Live Online Coachings
werde ich dich persönlich, tiefgreifend und nachhaltig
dabei unterstützen, deinen Weg in ein erfülltes und selbstverwirklichtes Leben zu gehen.

Hole dir jetzt alle Infos zum Live Online Coaching Programm
unter: www.sarahdesai.de/online-coaching

Schenk dir das Leben, das du leben willst und lass uns
diesen Weg gemeinsam gehen!

Danksagung

Danke, Nathi. Wegen dir macht alles Sinn. Du bist mein Herz.

Danke, Mike. Ich war noch nie so frei wie mit dir. Ohne dich würde es dieses Buch nicht geben. Danke für deine Worte und deine Taten.

You two are everything. Ich liebe euch. Ihr seid mein Zuhause.

Danke, Mama. Du hast mir alles gegeben, was du hast, und noch viel mehr.

Danke, Daddy. Ich wünschte, wir hätten mehr Zeit gehabt. I miss you.

Danke, Philipp. Lass uns öfter sprechen.

Danke, Oma. Du hast mir so viel gezeigt.

Danke, Rita. Du hast immer deine schützende Hand über mich gehalten.

Danke, Maja, Christian und Annalena, dass ihr uns vom ersten Augenblick an mit offenen Armen in eurer Familie empfangen habt.

Danke an meine Schwestern Arlette Umuziga, Ilham El Nali, Mariama Jalloh, Anita Taschler, Tina Preuss und Angela Kamara. Was wäre ich ohne euch? It takes a village.

Thank you Brenda Naluyima for being part of the family.

Danke, Sharon Dia, Ina Bastian, Elke Stocker und Lea Saedi, dass ihr über mein Herz gewacht habt, während ich auf der Arbeit war.

Danke, Marcus Hofmann. My wartime concigliere. One Love.

Danke, Christiane Ahumada. Für all die Liter Lektorenherzblut, die du in dieses Buch hast fließen lassen.

Danke, Julia Mücke, dass du meiner Vision mit deinen Videos Leben eingehaucht hast.

Danke, Maria Lorenz. Ohne dich, gäbe es keinen TMS-Podcast.

Danke, Nina Dreyer. From The Heart.

Danke, Cliff Muthukumarana und Apple Podcast für den Support.

Danke, Julia Vorrath für die Gespräche und Ratschläge.

Danke, Rim Zemuye für deinen Glow.

Danke, Tina Jürgens für deine Unterstützung.

Danke, Aid Abu Taleb, dass ich viele Zeilen für dieses Buch bei euch im LeMeridien Wien schreiben durfte.

Danke, Sandra Albert für dein Auge.

Danke, Nina Sahm, Harry Kämmerer, Random House und Südwest Verlag, dass ihr mir die Chance gegeben habt, dieses Buch zu schreiben.

Ich danke allen meinen Lehrerinnen und Lehrern. Insbesondere Nizinyanga, Traleg Khandro, Turiya Hanover, Rafia Morgan und Tenzin Wangyal Rinpoche.

Liebe Leserin, lieber Leser, ich danke dir für unsere gemeinsame Reise.

Danke an die *The Mindful Sessions* Community, die Podcast-Hörerinnen und Seminarteilnehmer. Ich lerne so viel von euch. Ihr seid die Besten!

Danke an alle meine Wegbegleiter durch dieses Leben.

Our journey continues …

Verwendete und weiterführende Literatur

Bauer, Joachim: *Warum ich fühle was du fühlst*, Heyne Verlag, 2006

Betz, Robert: *Dein Weg zur Selbstliebe. Mit Mut zur Veränderung deine Wahrheit leben*, Gräfe und Unzer Verlag, 2016

Bloom, Paul: *How Pleasure Works. The new science of why we like what we like*, Norton, 2010

Brown, Brené: *Daring greatly. How the courage to be vulnerable transforms the way we live, love, parent and lead*, Life, 2005

Brown, Brené: *Die Gabe der Unvollkommenheit. Lebe aus vollem Herzen, Lass los, was du denkst sein zu müssen und umarme was du bist*, J. Kamphausen Verlag & Distribution GmbH, 2012

Campbell, Joseph: *Der Heros in tausend Gestalten*, Insel Verlag, 2011

Chödrön, Pema: *Start, Where You Are. How to accept yourself and others*, Thorsons, 2005

Chödrön, Pema: *Wenn alles zusammenbricht. Hilfestellung für schwierige Zeiten*, Goldmann, 2001

Emmons, Robert A.; McCullough, Michael E.: „Counting Blessings Versus Burdens: An Experimental Investigation of Gratitude and Subjective Well-Being in Daily Life", *Journal of Personality and Social Psychology*, 2003, Vol. 84, No. 2, 377–389

Fischer-Epe, Maren: *Miteinander Ziele erreichen*, Rowohlt, 2002

Gladwell, Malcom: *The Tipping Point. How little things can make a big difference*, Little, Brown and Company, 2001

Grawe, Klaus: *Psychologische Therapie*, Hogrefe, 2004

Holt-Luntstad, Julianne; Smith, Timothy B.; Layton, J. Bradley: „Social Relationships and Mortality Risk", *PLoS Med*, 2010 , 20–25

Hölzl, B. K.; Carmody, J., Vangel, M.; Congleton, C.; Yerramsetti, S. M.; Gard, T.; Lazar, S. W.: „Mindfulness practice leads to increases in regional brain gray matter density". *Psychiatry Research: Neuroimaging*, 191, 36–42. Spiegel der Forschung Nr. 1/Mai 2011, 28. Jahrgang, Wissenschaftsmagazin der Justus-Liebig-Universität Gießen, 32–33

Jebb, Andrew T.; Ed Diener, Louis Tay; Oishi, Shigerhiro: „Happiness, income satiation and turning points around the world", *Nature Human Behaviour*, 2018, Vol. 2, 33–38

Kaplan, Janice: *Das große Glück der kleinen Dinge. Wie Dankbarkeit mein Leben veränderte*, Rowohlt, 2016

Kornfield, Jack: D*as weise Herz. Die universellen Prinzipen buddhistischer Psychologie*, Arkana, 2008

Kurth, Michael: *Stell dir vor, du wachst auf*, Rowohlt, 2018

Lyubomirsky, Sonja: *The How Of Happiness*, Penguin Books, 2017

Lux Vanessa, Richter Jörg Thomas: *Kulturen der Epigenetik – vererbt, codiert, übertragen*, De Gruyter, 2017

Neff, Kristin: Selbstmitgefühl. *Wie wir uns mit unseren Schwächen versöhnen und uns selbst der beste Freund werden*, Kailash, 2012

Osho: *Freiheit. Der Mut, Du selbst zu sein*, Allegria, 2005

Osho und Rajmani H. Müller: *Liebe, Freiheit, Alleinsein*, Goldmann, 2002

Ram Dass: *Be Here Now*, Harmony, 1971

Roth, Gehard; Strüber, Nicole: *Wie das Gehirn die Seele macht*, Klett–Cotta, 2016

Rozin, Paul; Royzman, Edward B. (2001). „Negativity bias, negativity dominance and contagion", *Social Psychology Review*. 5 (4): 296–320. doi:10.1207/ S15327957PSPR0504_2. Retrieved 2014, 11–19

Servan-Schreiber, David: *Die neue Medizin der Emotionen*, Goldmann, 2006

Stahl, Stefanie: *Das Kind in dir muss Heimat finden. Der Schlüssel zur Lösung (fast) aller Probleme*, Kailash, 2015

Trungpa, Chögyam: *Smile at Fear – Awakening the True Heart of Bravery*, Boston 2009

Trungpa, Chögyam: *The Path is the Goal. A Basic Handbook of Buddhist Meditation*, Boston 1995

Trungpa, Chögyam: *The Sacred Path of the Warrior*, Random House, 2007

Van der Horst, Frank. C. P.; Van der Veer, René: „Loneliness in Infacy: Harry Harlow, John Bowlby and Issues of Separation", *Integrative Psychological and Behavioral Science.*, 2008, 42: 325–335

Villodo, Alberto; Perlmutter, David: *Das erleuchtete Gehirn. Mit Schamanismus und Neurowissenschaft das Geheimnis gesunder Zellen entdecken*, Goldmann Verlag, 2011

Waclawiczek, Elke-M.: *Heile durch Erinnern*, 2009

Impressum

1. Auflage
Copyright für die deutsche Ausgabe: © 2020 by Südwest Verlag, einem Unternehmen der Verlagsgruppe Random House GmbH, Neumarkter Straße 28, 81673 München

Eine gendergerechte Sprache und gute Lesbarkeit sind der Autorin sehr wichtig. Deswegen hat sie sich dafür entschieden, bei der Ansprache der Leser und Leserinnen des Buches immer wieder flexibel zu variieren.

Hinweis:
Das vorliegende Buch ist sorgfältig erarbeitet worden. Dennoch erfolgen alle Angaben ohne Gewähr. Die Empfehlungen sind allgemeiner Natur und ersetzen keine Abklärung durch medizinisches oder psychologisches Fachpersonal. Autorin und Verlag distanzieren sich daher von Heilversprechen und können für eventuelle Nachteile oder Schäden, die aus den im Buch gegebenen Hinweisen resultieren, keine Haftung übernehmen.

Projektleitung: Nina Sahm
Lektorat: Christiane Ahumada
Korrektorat: Eva Stammberger, Susanne Schneider
Layout und Illustrationen: Sandra Albert
Satz: LAYER-CAKE, Jürgen Kiermeier, Glonn
Bildredaktion: Bele Engels
Umschlaggestaltung für die deutschsprachige Ausgabe: Milena Djuranovic, *zeichenpool, München, unter Verwendung eines Fotos von Peter Rigaud
Druck und Bindung: Alcione Litotipografia S.r.l., Lavis
Printed in Italy

MIX
Papier aus verantwor-
tungsvollen Quellen
FSC® C021956

Verlagsgruppe Random House FSC® N 001967

ISBN 978-3-517-09835-7

www.suedwest-verlag.de